D1725907

Benjamin Viertel

Kernkompetenzen im Gashandel

Ansätze einer Übertragung des Konzeptes
auf den Gashandel nach der Liberalisierung

Diplomica® Verlag GmbH

Viertel, Benjamin: Kernkompetenzen im Gashandel. Ansätze einer Übertragung des Konzeptes auf den Gashandel nach der Liberalisierung, Hamburg, Diplomica Verlag GmbH 2007

ISBN: 978-3-8366-5419-7
Druck Diplomica® Verlag GmbH, Hamburg, 2007
Covermotiv: © Alex Timaios · Fotolia.com

Bibliografische Information der Deutschen Bibliothek
Die Deutsche Bibliothek verzeichnet diese Publikation in der Deutschen
Nationalbibliografie;
detaillierte bibliografische Daten sind im Internet über
<http://dnb.ddb.de> abrufbar.

© Diplomica Verlag GmbH
http://www.diplom.de, Hamburg 2007
Printed in Germany

Inhaltsverzeichnis

Abbildungsverzeichnis

Abkürzungsverzeichnis

AG   Aktiengesellschaft

AktG   Aktiengesetz

BaFin   Bundesanstalt für Finanzdienstleistungsaufsicht

BDI   Bundesverband der Deutschen Industrie

BGB   Bürgerliches Gesetzbuch

BGW,   Bundesverband der Gas- und Wasserwirtschaft

BKK   Bilanzkreiskoordinator

BKV   Bilanzkreisverantwortlicher

BNetzA   Bundesnetzagentur für Elektrizität, Gas, Telekommunikation, Post und Eisenbahnen

bspw.   beispielsweise

ca.   circa

CBV   Capability based view (Kompetenzorientierter Ansatz)

CO_2 Kohlendioxid

d.h.   das heißt

EEX   European Energy Exchange

EFET   European Federation of Energy Traders (Europäische Vereinigung von Energiehändlern)

EnWG   Energiewirtschaftsgesetz

EU   Europäische Union

EVG   Erdgasversorgungsgesellschaft Thüringen-Sachsen

evtl.   eventuell

FGN   Ferngas Nordbayern

GasNEV   Gasnetzentgeltverordnung

GasNZV   Gasnetzzugangsverordnung

GEODE   Groupment Européen des entreprises et Organismes de Distribution d'Energie (Europäischer Verband der unabhängigen Verteiler- und Versorgungsunternehmen)

GmbH   Gesellschaft mit beschränkter Haftung

GVS   Gasversorgung Süddeutschland

GVU   Gasversorgungsunternehmen

HGB   Handelsgesetzbuch

i.e.S.   im engeren Sinn

i.S.v.   im Sinn von

IPE   International Petroleum Exchange

IT   Informationstechnologie

KonTraG   Gesetz zur Kontrolle und Transparenz im Unternehmensbereich

KWG   Kreditwesengesetz

LNG   Liquefied natural gas (Für den Transport verflüssigtes Erdgas)

MaH   Mindestanforderungen an das Betreiben von Handelsgeschäften

MaIR   Mindestanforderungen an die Ausgestaltung der Internen Revision

MaK   Mindestanforderungen an das Kreditgeschäft

MaRisk   Mindestanforderungen an das Risikomanagement

MBV   Market-based view of the firm (Marktorientierter Ansatz)

MGV   Marktgebietsverantwortlicher

Mio.   Millionen

Mrd.   Milliarden

MüT   Marktgebietsüberschreitender Transport

NBP   National Balancing Point

NNE   Netznutzungsentgelt

OTC   Over the counter - außerbörslich, bilateral

RBV   Ressouced-based view of the firm (Ressourcenorientierter Ansatz)

SGE   Strategische Geschäftseinheit

sog.   sogenannte/n

TTF   Title Transfer Facility

u.a.   unter anderem

usw.   und so weiter

VIK   Verband der Industriellen Energie- und Kraftwerkswirtschaft e.V.

VKU   Verband kommunaler Unternehmen

VNG   Verbundnetz Gas

VP   Virtueller Handelspunkt

VV Gas   Verbändevereinbarung Gas

VV Gas II   Verbändevereinbarung Gas II

WpHG   Wertpapierhandelsgesetz

öVNB   Öffentlicher Verteilnetzbetreiber

üFNB   Überregionaler Ferngasnetzbetreiber

1 Aufbau der Arbeit

Der deutsche Gasmarkt hat sich in den letzten Jahren von den Starrheiten einer Monopolindustrie etwas gelöst und ist dabei sich zu einem Wirtschaftszweig zu entwickeln, der sich wieder stärker an Angebot und Nachfrage orientiert. Im Zuge der Liberalisierung der europäischen Gasmärkte wurden auch in Deutschland neue Unternehmen gegründet, die nun versuchen, mehr oder weniger unabhängig von den früheren Monopolkonzernen, ihren Platz in der Wertschöpfungskette des Gashandels zu finden. Insofern ist es von Interesse, ob es für Gashandelsunternehmen die Möglichkeit gibt, sich von Wettbewerbern abzugrenzen und durch die Fokussierung einen Vorteil zu erlangen. Die vorliegende Arbeit geht daher der Frage nach, ob der in der betriebswirtschaftlichen Literatur weit verbreitete Kernkompetenzansatz auf den Gashandel im liberalisierten deutschen Gasmarkt übertragbar ist und welche Kernkompetenzen in diesem Fall im Gashandel identifiziert werden können. Die Motivation für diese Arbeit entstand aufgrund der nur spärlichen Behandlung entsprechender Fragestellungen in der Literatur. Um den **Kernkompetenzansatz** zu verstehen, wird er zunächst im folgenden Kapitel 2 näher beleuchtet. Es wird auf die grundlegenden Gedanken

- des **ressourcenorientierten Ansatzes** (Abschnitt 2.2),

- der **kompetenzorientierten Betrachtungsweisen** (Abschnitt 2.4) und

- der **Theorien zu dynamischen Fähigkeiten** (Abschnitt 2.6)

eingegangen. Zum besseren Verständnis können verschiedene **Definitionen von ressourcenorientierten Begriffen** verglichen (Abschnitt 2.3) und der **strategische Aspekt** von Kernkompetenzen erläutert werden (Abschnitt 2.5). Am Ende des Kapitels wird in Abschnitt 2.7 ein **theoretischer Bezugsrahmen** mit Arbeitsdefinitionen vorgestellt, der durch Operationalisierung eine Übertragung in die Praxis möglich macht. Im gesamten Kapitel 2 werden vorwiegend abstrahierende theoretische Grundlagen aufgearbeitet, um der späteren empirischen Analyse eine Richtung zu geben.

Danach können im Kapitel 3 strukturelle und rechtliche **Rahmenbedingungen** des Gasmarktes und ihre Auswirkungen vorgestellt werden, um einen Überblick über die politische und wirtschaftliche Situation des liberalisierten Gashandels in Europa und Deutschland zu erhalten. Dabei werden zuerst Besonderheiten des **Energieträgers Erdgas** beschrieben (Abschnitt 3.2), gefolgt von einer Darstellung der **Wertschöpfungskette und Struktur** der deutschen Gaswirtschaft (Abschnitte 3.3 und 3.4). Abschnitt 3.5 beschäftigt sich mit **Liberalisierungsbemühungen** in Europa und schließt mit einer Darstellung europäischer **Gashandelsplätze**. Ziel dieses Abschnittes ist eine politische und wirtschaftliche Einordnung des deutschen Gasmarktes in Europa zum besseren Verständnis der erforderlichen Fähigkeiten für den Gashandel nach der Liberalisierung. Die **Umsetzung der Liberalisierungsvorschriften in Deutschland** erläutert Abschnitt 3.6. Hier wird sowohl auf die Entwicklung vom verhandelten zum regulierten Netzzugang eingegangen, wie auch auf aktuelle Probleme der langfristigen Lieferverträge und es kann ein grober Vergleich gezogen werden zwischen der Gaspreisbildung und der tatsächlichen Kostenstruktur der Gaswirtschaft. Das Kapitel schließt mit einem Resumee der **Auswirkungen** der Liberalisierung (Abschnitt 3.7).

Im Kapitel 4 werden die unternehmensprozessbezogenen Bedingungen des Gashandels vor dem Hintergrund der Identifikation von Fähigkeiten und Kernkompetenzen vorgestellt. Hier wird vorwiegend anhand von praxisbezogener Literatur ein Überblick über

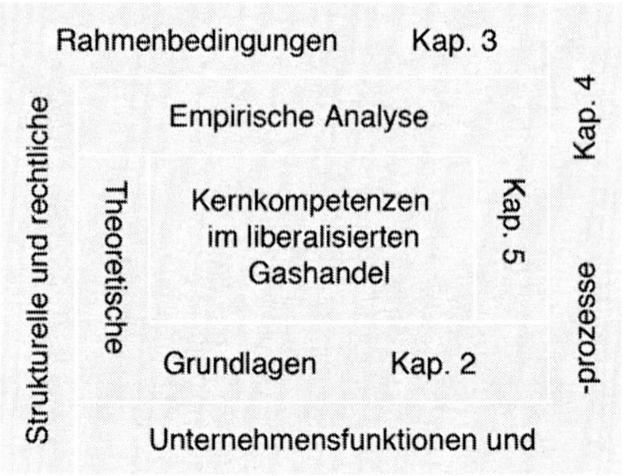

Abbildung 1.1: Konzept der Arbeit[1]

organisatorische und funktionale Grundlagen in Handelsunternehmen gegeben. Dabei wird auf Erfahrungen aus dem Stromhandel und jüngerem Gashandel zurückgegriffen und nach einer kurzen Einführung der **Aufbau und die Organisation von Handelseinheiten** beschrieben (Abschnitt 4.2). Weiterhin werden im Abschnitt 4.3 prinzipielle Aspekte und klärungsbedüftige Punkte des **Netzzugangs** auf Basis des Entry-Exit-Modell der Bundesnetzagentur beschrieben. Danach kann detaillierter auf die **Umsetzung des Basismodells** eingangen werden (Abschnitt 4.4). Am Ende des Kapitels steht eine kurze Zusammenfassung der durch die Liberalisierung eröffneten **Wertschöpfungspotentiale** für Gashandelsunternehmen, wofür als Grundlage die in Kapitel 4 dargestellten Aspekte dienen. Das Kapitel sollte einen praxisbezogenen Überblick über die **für eine Handelsaktivität notwendigen wesentlichen Fähigkeiten** geben und damit – neben den rechtlichen und strukturellen Rahmenbedingungen in Kapitel 3 und der Theorie von Kapitel 2– ein weiteres Fundament für die darauf folgende Analyse von Kernkompetenzen im liberalisierten Gashandel bilden.

Kapitel 5 schließt mit dem **empirischen Teil** der Untersuchung an. Dieser basiert auf der Durchführung von 12 teilstrukturierten Interviews in fünf deutschen Gashandelsunternehmen. Nach der **Erläuterung** des Vorgehens (Abschnitt 5.1) und der Darstellung **allgemeiner Ergebnisse** in 'Abschnitt 5.2 können beispielhaft drei anonymisierte **Interviewauswertungen** vorgestellt werden, um die identifizierten Fähigkeiten des Unternehmens und die daraus abgeleiteten Kernkompetenzen darzustellen. Dies geschieht in Abschnitt 5.3. Die Gesamtheit der Interviews wird im Abschnitt 5.4 in konzentrierter Form dargestellt. Diese Zusammenfassung liefert Hinweise auf sechs allgemeine **Kernkompetenzen im liberalisierten Gashandel**. Um dem strategischen Aspekt des kompetenzorientierten Ansatzes gerecht zu werden, folgt danach der Versuch einer **Systematisierung von Handelsunternehmen nach ihren Kernkompetenzen**, auf deren Basis eventuell strategische Überlegungen für Positionierungen einzelner Unternehmen möglich sind. (Abschnitt 5.4). Die Arbeit schließt mit einem **Fazit und der kritischen Würdigung** des theoriegeleiteten Vorgehens in Kapitel 6.

---

[1] Quelle: Eigene Darstellung.

2 Theoretische Grundlagen des Kernkompetenzgedankens

2.1 Überblick

Vor der Analyse von Kernkompetenzen muss die Frage nach deren Bedeutung und Definition stehen. Dieses Kapitel über theoretische Grundlagen beschäftigt sich daher mit der Darstellung des **ressourcenorientierten Ansatzes** (RBV), auf dem die spätere Analyse der Kernkompetenzen im Gashandel beruht. Zuerst wird der RBV eingegrenzt (Abschnitt 2.2) und die Vielfalt an **Definitionen** verdeutlicht (Abschnitt 2.3). Danach können weitere, auf ihm basierende Konzepte vorgestellt werden. Dazu gehören **kompetenzorientierte** Ansätze als handlungsbezogene Erweiterung des RBV (Abschnitt 2.4), der strategische Charakter von Kernkompetenzen (Abschnitt 2.5) und Theorien über **dynamische** Fähigkeiten (Abschnitt 2.6). Im Abschnitt 2.7 auf Seite 17 wird schließlich aus den vorgestellten Konzepten eine Reihe von Arbeitsdefinitionen und eine **Vorgehensweise** für die empirische Identifikation von Kernkompetenzen im liberalisierten Gashandel abgeleitet.

2.2 Liberalisierter Gashandel aus Ressourcenperspektive

In den 1980er Jahren wurde mit dem marktorientierten Ansatz (MBV) die **Erklärung für die Leistungsfähigkeit von Unternehmen** in ihrer (externen) Umwelt gefunden:[2] Produktmärkte und Branchenstrukturen konnten als Determinanten aufgedeckt

---

[2] Beispiele finden sich bei *Chandler* (1990); *Caves/Porter* (1977); *Porter* (1985); *Porter* (1999); *Kogut* (1988); *Williamson* (1985)

und entsprechende Unternehmensstrategien geliefert werden.[3] Um den Einfluss der Umwelt auf die Wettbewerbsfähigkeit von Unternehmen zu verdeutlichen, wurde im Zuge der Modellbildung die Rolle individueller Unternehmenseigenschaften vernachlässigt und Unternehmen der gleichen Branche als prinzipiell gleichförmig in den von ihnen verfolgten Strategien und ihnen zur Verfügung stehenden Ressourcen betrachtet. Sollten dennoch kurzzeitig Unterschiede auftreten, so egalisierten sie sich modellgemäß durch die Mobilität der zugrunde liegenden Ressourcen.[4] Vor diesem Hintergrund konnte man einen Wettbewerbsvorteil erzielen, indem man als Unternehmen die eigenen Stärken an die Gegebenheiten der Umwelt anpasste.[5] Dies wurde auch als structure-conduct-performance-Paradigma bezeichnet und hat seine Wurzeln in der Industrieökonomik.[6] Mittlerweile betrachten Forscher aber auch (wieder) die **internen Qualitäten von Unternehmen** als Quelle für Erfolg und entwickeln Konzepte, die besagen, dass der langfristige Unternehmenserfolg vor allem durch spezifische Unternehmensmerkmale beeinflusst wird.[7] Der

marktorientierter Ansatz: structure conduct performance paradigma	**ressourcenorientierter Ansatz:** ressources conduct performance paradigma
Unternehmen passen sich an die Branchenstruktur an. Diese bestimmt über ökonomische Renten die langfristigen Erfolgsunterschiede.	Unternehmen gelangen im laufe der Zeit zu einzigartigen Ressourcen. Diese bestimmen die langfristige Wettbewerbsfähigkeit.

Abbildung 2.1: Gegenüberstellung von markt- und ressourcenorientiertem Ansatz[8]

ressourcenorientierte Ansatz begründet die Überlegenheit von bestimmten Unternehmen durch deren spezielle Ausstattung mit Ressourcen. Hier wird davon ausgegangen, dass Unterschiede in den (erfassbaren und nicht erfassbaren) Ressourcen von Unternehmen sich über die Zeit anhäufen bzw. erlernt werden und die dadurch entstehende Heterogenität den Grund für Wettbewerbsvorteile darstellt.[9] Gleichzeitig besagt die Theorie, dass diese Ressourcen nicht mobil sind und daher kein Markt für sie existiert.[10] Abbildung 2.1 verdeutlicht die Gegensätze der Theorien. Um im Rahmen dieser Arbeit analysieren zu können, welche Kernkompetenzen im Gashandel existieren, muss abgeleitet werden,

---

[3] Vgl. *Srivastava* (2005), S. 50.
[4] Vgl. *Barney* (1991), S. 100.
[5] Vgl. *Porter* (1999); Vgl. *Barney* (1991).
[6] Vgl. *Teece/Pisano/Shuen* (1997), S. 510.
[7] Vgl. *Götze/Mikus* (1999), S. 6f.
[8] Quelle: leicht modifiziert übernommen von *Götze/Mikus* (1999), S. 7.
[9] Vgl. *Barney* (1991); Vgl. *Dierickx/Cool* (1989); Vgl. *Dosi* (1988); Vgl. *Mahoney/Pandian* (1992); Vgl. *Nelson/Winter* (1982); Vgl. *Wernerfelt* (1984).
[10] Vgl. *Barney* (1991), S. 101.

welche internen Eigenschaften Unternehmen dazu befähigen in diesem Markt langfristig wettbewerbsfähig zu bleiben.

2.3 Ressourcenbegriffe in der wissenschaftlichen Literatur

Spätestens seit *Barney* (1991) werden Vermögensgegenstände, Fähigkeiten, organisationale Prozesse, Unternehmenseigenschaften, Informationen und Wissen unter dem **Konstrukt der Ressourcen** zusammengefasst.[11] Dazu müssen sie dem Unternehmen ermöglichen, Strategien zu entwickeln und zu implementieren, die dessen Effektivität und Effizienz steigern.[12] Bereits in früherer Literatur können Hinweise auf eine ressourcenorientierte Sichtweise gefunden werden. So schreiben *Learned* et al. (1969), *„that the capability of an organization is its demonstrated and potential ability to accomplish against the opposition of circumstance or competition, whatever it sets out to do. Every organization has actual and potential strengths and weaknesses; it is important to try to determine what they are and to distinguish one from the other."*[13] Die Annahme ist, dass Unternehmen aufgrund ihrer Entwicklung, durch glückliche Zufälle oder durch gezieltes Vorgehen zu einzigartigen, nicht mit der Konkurrenz geteilten Ressourcen gelangen. Die Nutzung dieser Ressourcen zur Gestaltung bedürfnisgerechter Angebote für bestimmte Branchenmärkte führt zu nachhaltigen Wettbewerbsvorteilen. Allerdings ist die Definition von Ressourcen in den unterschiedlichen Quellen nicht einheitlich. Um ihre Vielfalt zu demonstrieren werden im Folgenden eine Reihe von **Ressourcendefinitionen** zusammengefasst:

Nach **Barney (1991)** gehören zu Ressourcen *„all assets, capabilities, organizational processes, firm attributes, information, knowledge, etc. controlled by a firm that enable the firm to conceive of and implement strategies that improve its efficiency and effectiveness. (...) classified into three categories: (...)."*[14]

Während diese Definition einerseits eine Liste der Dinge, die zu Ressourcen gezählt werden können, beschreibt und andererseits diesen bestimmte Eigenschaften zuweist,

---

[11] Vgl. *Srivastava* (2005), S. 50f.

[12] Diese Eigenschaften werden im Sinne einer traditionellen strategischen Analyse als Stärken eines Unternehmens beschrieben. *Barney* (1991, Vgl.), S. 101.

[13] *Learned* et al. (1969) zitiert bei *Teece/Pisano/Shuen* (2000), S. 335.

[14] *Barney* (1991), S. 101.

fasst **Wernerfelt** (1984) allgemeine Stärken und Schwächen zusammen: „*[resources are] anything which could be thought of as a strength or weakness of a given firm.*"[15]

Teece/Pisano/Shuen (1997) beziehen sich auf einzigartige, unternehmensspezifische Güter: „*(...) firm-specific assets that are difficult if not impossible to imitate. (...) Such assets are difficult to transfer among firms because of transaction costs and transfer costs, and because the assets may contain tacit knowledge.*"[16]

Freiling (2004) sieht das ähnlich: „*(...) result of successful asset refinement processes, producing sustainable heterogeneity of the owning firm in competition and enabling the firm to withstand competitive forces,*"[17] während **Grant** (1991) sie als „*(...) inputs into the production process (...)*"[18] beschreibt.

Das Spektrum der Ressourcendefinitionen reicht demnach von relativ homogenen Inputfaktoren über veredelte Güter, bis hin zu allgemeinen Stärken und Schwächen des Unternehmens. *Barney* (1991) geht davon aus, dass nicht alle Attribute eines Unternehmens **strategisch** relevant sind. Letztendlich beschränkt er in seinem Artikel den Ressourcenbegriff auf diejenigen unternehmensspezifischen Attribute, die strategische Bedeutung haben und beschreibt die übrigen einfach als „Eigenschaften von Unternehmen".[19] Aus dem Blickwinkel der strategischen Analyse bedeutet dies, interne Unternehmenseigenschaften müssen Chancen ausnutzen und/oder Risiken neutralisieren. Erst dann werden definitorisch betrachtet aus Eigenschaften tatsächlich Ressourcen.[20] Weiterhin beschreibt er, dass die Organisation als Bündel von Ressourcen betrachtet werden kann, die

- wertvoll (im Sinne einer Ausnutzung von Chancen und/oder in der Beseitigung von Risiken in der Unternehmensumwelt)

- selten (im Hinblick auf momentane und zukünftige Wettbewerber)

- nicht vollständig imitierbar

- nicht-substituierbar (im Hinblick auf ihre strategische Relevanz)

---

[15] *Wernerfelt* (1984), S. 172.
[16] *Teece/Pisano/Shuen* (1997), S. 516.
[17] *Freiling* (2004), S. 30.
[18] *Grant* (1991), S. 118.
[19] „...those attributes of a firm's physical, human, and organizational capital that do enable a firm to conceive of and implement strategies that improve its efficiency and effectiveness are, for purposes of this discussion, firm resources." *Barney* (1991, S. 102)
[20] Vgl. *Barney* (1991), S. 106.

sind. Solche Ressourcen führen zu dauerhaftem Erfolg eines unter Wettbewerb stehenden Unternehmens.[21] Dabei wird unter einem dauerhaften Wettbewerbsvorteil verstanden: „ *...implementing a value creating strategy not simultaneously being implemented by any current or potential competitors and when these other firms are unable to duplicate the benefits of this strategy.*"[22] Im Gegensatz zu solchen strategisch relevanten Ressourcen werden unter „assets" Eigenschaften definiert, die durch ihre Homogenität auf Faktormärkten handelbar sind. Dies wird deutlich bei ***Teece/Pisano/Shuen*** (1997): „*(...) factors of production (...) are 'undifferentiated' inputs available in disaggregate form in factor markets.*"[23] und ***Freiling*** (2004): „*(...) homogeneous external or internal factors, serving the firm as input for value-added processes.*"[24] Mit dieser Unterscheidung soll die Betrachtung von Ressourcen erst einmal abgeschlossen sein. Während bisher von ihrem **Besitz** gesprochen wurde, wird der ressourcenorientierte Ansatz im folgenden Kapitel durch die Betrachtung von Handlungen an Ressourcen erweitert.

2.4 Kompetenzorientierung als handlungsbezogene Erweiterung

Die grundlegende Absicht des kompetenzorientierten Ansatzes (CBV) ist ebenfalls die Erklärung von Leistungsunterschieden zwischen Unternehmen. Die erklärenden Variablen[25] dafür sind beim ressourcenorientierten Ansatz jedoch die **Kontrolle** über effektivere und/oder effizientere Ressourcen, beim kompetenzorientierten Ansatz hingegen die effektivere und/oder effizientere **Nutzung** von Ressourcen.[26] Diese Betrachtungsweise ist nicht neu, denn bereits *Penrose* (1959) spricht von der Unterscheidung von Ressourcen einerseits und andererseits der Fähigkeit sie anzuwenden.[27] Jedoch wird in der Mehrheit der Beiträge zu RBV und CBV mittlerweile nicht (mehr) zwischen Ressourcen und deren Gebrauch unterschieden, wie das ursprünglich der Fall war.[28] Die Begriffsverwendung ist mitunter völlig beliebig.[29] Der **kompetenzorientierte Ansatz** verdeutlicht dennoch die

---

[21] Vgl. *Bowman/Ambrosini* (2003), S. 291.

[22] *Barney* (1991), S. 102, Hervorhebung im Original.

[23] *Teece/Pisano/Shuen* (1997), S. 516.

[24] *Freiling* (2004), S. 30.

[25] Die Verwechslung oder unklare Abgrenzung von erklärender und erklärter Variable sind laut *Freiling* (2004) ein wesentlicher Grund für die fehlende theoretische Stringenz innerhalb der ressourcenorientierten Ansätze.

[26] Vgl. *Freiling* (2004), S. 27.

[27] Vgl. *Moldaschl* (2006), S. 5.

[28] Vgl. *Moldaschl* (2006), S. 8.

[29] Vgl. *Fried* (2005), S. 156ff.

Sichtweise, dass Ressourcen allein potentiellen Charakter haben, der erst durch ihre Anwendung realisiert werden muss. Damit stellt er eine handlungsbezogene Erweiterung mit Unterschieden und Gemeinsamkeiten zum ressourcenorientierten Ansatz dar, wie aus Abbildung 2.2 deutlich wird. Ein wichtiger Beitrag zum CBV kommt von *Prahalad/Hamel*

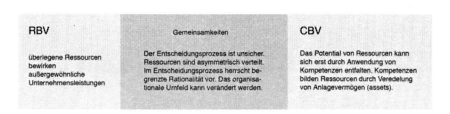

RBV   Gemeinsamkeiten   **CBV**

| überlegene Ressourcen bewirken außergewöhnliche Unternehmensleistungen | Der Entscheidungsprozess ist unsicher. Ressourcen sind asymmetrisch verteilt. Im Entscheidungsprozess herrscht begrenzte Rationalität vor. Das organisationale Umfeld kann verändert werden. | Das Potential von Ressourcen kann sich erst durch Anwendung von Kompetenzen entfalten. Kompetenzen bilden Ressourcen durch Veredelung von Anlagevermögen (assets). |

Abbildung 2.2: Gemeinsamkeiten und Unterschiede von ressourcenorientiertem und kompetenorientiertem Ansatz[30]

(1990), die Konglomerate mit verschiedenen strategischen Geschäftseinheiten (SGE) auf ihre Überlegenheit hin analysierten. Bei ihnen werden Kompetenzen wie die Wurzeln eines Baumes beschrieben, aus denen er seine Stärke zieht, während sie unsichtbar sind für Personen an der Oberfläche. Diese erkennen nur die Wirkungen der Kompetenzen: Stamm, Äste und Früchte.[31] Abseits solcher metaphorischen Umschreibungen gibt es jedoch wenige konkrete Definitionen, wie sich anhand der folgenden **Definitionen von Kompetenzen in der Literatur** erkennen lässt:

Prahalad/Hamel **(1990)** beschreiben Kompetenzen einerseits als *„(...) the collective learning in the organization, especially how to coordinate diverse productions skills and integrate multiple streams of technology. (...) is communication, involvement, and a deep commitment to working across organizational boundaries. It involves many levels of people and all functions."*[32] Allerdings wird im weiteren Text dazu gegensätzlich argumentiert, indem Kompetenzen unter Ressourcen eingeordnet werden: *„[competences] are corporate resources and may be reallocated by corporate management."*[33]

Bei *Markides/Williamson* **(1994)** steht ebenfalls Wissen im Vordergrund: *„(...) the pool of experience, knowledge and systems, etc. that exist elsewhere in the same corporation which can be deployed to reduce the cost or expand the stock of an existing one.*

---

[30] Quelle: Eigene Darstellung.
[31] Vgl. *Prahalad/Hamel* (1990), S. 81.
[32] *Prahalad/Hamel* (1990), S. 82.
[33] *Prahalad/Hamel* (1990), S. 90.

Competences are potential **catalysts** *to the process of accumulating strategic assets,*[34] wie auch bei ***Hafeez/Zhang/Malak*** (**2002**): *„(...) are usually the result of „collective learning" processes and are manifested in business activities and processes.*[35]

Freiling (**2004**) wird etwas deutlicher, indem er auf Arbeitsteilung und Routinen eingeht: *„(...) competences are nothing else but inter-personal patterns of action which rest upon the division of work and which support a goal-oriented social interaction of persons in a non-random manner. Accordingly, the development of competences requires a specific organizational environment which fosters asset refinement processes. The firm is – among others – one solution as to this problem.*[36] So auch ***Baden-Fuller/Volberda*** (**1997**): *„A competence therefore draws on several routines which have been refined, stored and codified, or socialized.*[37]

Das Spektrum reicht also von der Einordnung von Kompetenzen unter den Sammelbegriff von Ressourcen bis hin zur Betrachtung von Kompetenzen als Fähigkeiten, Ressourcen anzuwenden. Meistens wird auf Lernprozesse und Integration in ein System Bezug genommen, die Kompetenzen ihren spezifischen Charakter geben. Eine Definition von ***Grant*** (**1991**) kommt dieser Einordnung von Kompetenzen als Aktivität bezüglich Ressourcen nahe. Er definiert – allerding den Begriff „capability", also 'Fähigkeiten – als *„(...) the capacity for a team of resources to perform some task or activity.*[38] Moldaschl (2006) bringt zur Abgrenzung eine Akteursperspektive ins Gespräch. Durch sie lässt sich ein relationaler Zusammenhang zwischen Ressource und Kompetenz ableiten, der sich verändern kann. Die Ressource wird vom **Akteur** gebraucht, verwendet, genutzt und das Vermögen, diesen Vorgang auszuführen wird als Kompetenz bezeichnet.[39] Was Ressource wird *„...hängt allein davon ab, ob ein materielles oder immaterielles Gut in einem individuellen oder institutionellen Handeln zweckgebundene Verwendung findet".*[40] In dieser Sichtweise werden auch Kompetenzen vom nächst höheren Akteur „nur" als Ressourcen betrachtet. Beispielsweise gebraucht ein Teamleiter seine Teammitglieder als Ressourcen und bildet so eine Kompetenz. Der Abteilungsverantwortliche kann auf den Teamleiter aber auch wieder in Form einer Ressource zurückgreifen. Oftmals werden Kompetenzen auch **hierarchisch** gegliedert. Nach einer intensiven Literaturrecherche kommt *Srivastava* (2005) zu dem Schluss, dass eine Einordnung von Kompetenzen in folgende Gruppen

---

[34] *Markides/Williamson* (1994), S. 153.
[35] *Hafeez/Zhang/Malak* (2002), S. 29.
[36] *Freiling* (2004), S. 34.
[37] *Baden-Fuller/Volberda* (1997), S. 96.
[38] *Grant* (1991), S. 119.
[39] Vgl. *Moldaschl* (2006), S. 8.
[40] *Moldaschl* (2005b), S. 44.

möglich ist:

- Ein beständiges Streben nach Kosteneffizienz.

- Zuverlässig operierende Systeme, die ein bestimmtes Ergebnis schnell, konsistent und effektiv erreichen.

- Kundenorientiertes Innovationsbemühen.

- Enge Beziehungen zu externen Partnern.

- Agilität in der Befriedigung von Kundenwünschen.

Er bezeichnet die Klassifikationskategorien als Meta-Kompetenzen. Von der Bildung einer Kompetenzhierarchie wird von manchen Autoren jedoch abgeraten, da diese letztendlich auf die grundlegende **Gesamtfähigkeit alles richtig zu machen** hinauslaufen muss.[41] Deutlich wird dies bei der durch *Srivastava* (2005) angesprochenen „kritischen Kompetenz", die die Fähigkeit beschreibt, die eigenen Kernkompetenzen und ihre Gruppenzugehörigkeit regelmäßig identifizieren zu können.[42] Sinnvoll erscheint diese Klassifikation jedoch zur Einordnung und Zusammenfassung bestimmter Kompetenzen zu Gruppen, die ähnliche Zwecke erfüllen. Es wird davon ausgegangen, dass ein Unternehmen jeweils durch die Zuordnung einer kleinen Zahl solcher Kompetenzgruppen zu beschreiben ist, vergleichbar mit der Verfolgung einer bestimmten Strategie im Porter'schen Sinne.[43] Wie solche Kompetenzen durch eine **strategische Bedeutung** – auf die, wie im vorangegangenen Abschnitt beschrieben, ursprünglich bereits beim Ressourcenbegriff Bezug genommen wurde – innerhalb dieser Arbeit zum Gashandel zu Kernkompetenzen „wachsen", soll im Folgenden dargestellt werden.

2.5 Kernkompetenzen sind strategische Optionen

Der ressourcenorientierte Ansatz ist eine statische[44] Theorie, die sich auf die Identifikation der Ressourcen zu einem bestimmten Zeitpunkt konzentriert und eine Erklärung

---

[41] Vgl. *Moldaschl* (2005a), S. 5.

[42] Vgl. *Srivastava* (2005), S. 57.

[43] *Higgins* (1996) beschreibt in einer Fallstudie die Identifikation von Kernkompetenzen nach einem solchen Muster der Klassifizierung.

[44] Vgl. für eine gegenteilige Meinung *Wernerfelt* (1984).

dafür liefert, wie diese Ressourcen entstanden sind.[45] *Prahalad/Hamel* (1990) verbinden dies mit lerntheoretischen Argumenten um strategische Implikationen aufzudecken.[46] Nach ihrem Ansatz der **Konzentration auf Kernkompetenzen** (core competences) ist es – pragmatisch formuliert – für das Management von Bedeutung eine Organisation zu schaffen, die es ermöglicht, Produkte zu entwickeln, die Kunden zukünftig brauchen werden.[47] Damit wird deutlich, dass es sich um eine strategiebezogene Konzentration auf zukünftige Möglichkeiten handelt. Das Konzept der Kernkompetenzen wird demnach in der Literatur einerseits als theoretisches Konzept, andererseits als Werkzeug für Entscheidungen in Unternehmen diskutiert.[48] Dabei hat der Aufbau von Kernkompetenzen nicht in erster Linie etwas mit Forschung und Entwicklung zu tun. Ebenso wenig lassen sich Kernkompetenzen durch Aufteilung der Kosten auf mehrere strategische Geschäftseinheiten (SGE) oder durch Nutzung derselben Komponenten in verschiedenen Produkten beschreiben. Auch vertikale Integration ist nicht ausschlaggebend für eine Definition von Kernkompetenzen. Anwendung des Kernkompetenzkonzeptes bedeutet, vorhandenes Wissen und Fähigkeiten auf unorthodoxe Weise zu nutzen. Drei Merkmale sind ausschlaggebend:

1. Kernkompetenzen ebnen den Zugang zu einem breiten Markt.

2. Kernkompetenzen geben dem späteren Kundennutzen des Produktes einen signifikanten Mehrwert.

3. Kernkompetenzen sind für Wettbewerber schwer zu imitieren. Dies ist vor allem dann der Fall, wenn die eine komplexe Verschmelzung individueller Technologien und Produktionsfähigkeiten darstellen.[49]

Der Gedanke hinter den Kernkompetenzen ist also, strategisch bedeutsame Wertschöpfungsaktivitiäen selbst auszuführen und andere Aktivitäten fremdleistungsbasiert zu bestellen, also eine make-or-buy-Problemstellung. Für das strategischen Management von Unternehmen lassen sich so Normstrategien ableiten.[50] In der wissenschaftlichen Literatur werden folgende **Definitionen von Kernkompetenzen** angeboten:

---

[45] Vgl. *Bowman/Ambrosini* (2003), S. 292.
[46] Vgl. *Moldaschl* (2006), S. 6.
[47] Vgl. *Prahalad/Hamel* (1990), S. 80.
[48] Vgl. *Srivastava* (2005), S. 49.
[49] Vgl. *Prahalad/Hamel* (1990), S. 83f.
[50] Vgl. *Götze/Mikus* (1999), S. 214.

Moldaschl (2006) bezeichnet sie als „(...) langfristig gewachsene Bündel von Ressourcen und Fähigkeiten,"[51] während **Srivastava (2005)** auf ihren Problemlösungsbezug referriert: „(...) a set of problem-defining and problem-solving insights that foster the development of idiosyncratic strategic growth alternatives."[52] An anderer Stelle stellt er ihre dynamische Komponente in den Vordergrund: „(...) a 'dynamic learned resource' which is subject to continuous metamorphosis with changes in internal and external environment."[53]

Hinterhuber (1996) bezeichnet damit „(...) integrierte und durch organisationale Lernprozesse koordinierte Gesamtheiten von Technologien, Know-how, Prozessen und Einstellungen, die für den Kunden erkennbar wertvoll sind, gegenüber der Konkurrenz einmalig sind, schwer imitierbar sind und den Zugang zu einer Vielzahl von Märkten eröffnen."[54]

Hafeez/Zhang/Malak (2002) schließlich beziehen sich auf die Integration in eine Vielzahl von Anwendungsbereichen: „(...) are those unique capabilities, which usually span over multiple products or markets."[55]

Die bereits angesprochene **Hierarchiebildung** kann auch hier anhand von Zitaten verdeutlicht werden, denn **Winter (2003)** bezeichnet als "zero-level capabilities" "(...) the capabilities necessary to keep a hypothetical firm „in equilibrium", earning its living by producing and selling the same product, on the same scale and to the same customer population over time. In this fact they contribute to the stationary process by allowing the firm to collect the revenue from its customers to buy inputs to do the thing again."[56] und **Srivastava (2005)** definiert als „critical competence" „(...) the ability of a firm to successfully identify, nurture, develop, upgrade, and deploy its hierarchy of competencies to attain sustainable competitive advantage.[57] Hier wird also einerseits auf Kompetenzen Bezug genommen, die den gegebenen Zustand erhalten, andererseits auf solche verwiesen, die es dem Unternehmen in einer **dynamischen Umwelt** erlauben, die eigenen Kompetenzen neu anzupassen – Kompetenzen formen Kompetenzen. Im Folgenden soll diesem Gedanken ein eigener Abschnitt gewidmet werden.

---

[51] Moldaschl (2006), S. 3.
[52] Srivastava (2005), S. 51.
[53] Srivastava (2005), S. ?.
[54] Hinterhuber et al. (1996), S. 11.
[55] Hafeez/Zhang/Malak (2002), S. 29.
[56] Winter (2003), S. 992.
[57] Srivastava (2005), S. 52.

2.6 Dynamische Fähigkeiten als Anwendung des RBV in dynamischen Märkten

Im Zentrum des Ansatzes der dynamischen Fähigkeiten (dynamic capabilities) steht die Notwendigkeit der Ressourcenerneuerung, wenn sich Umweltzustände ändern.[58] Dynamische Fähigkeiten werden vor allem in Branchen relevant, in denen Wettbewerb auf ständiger Innovation und der schöpferischen Zerstörung[59] bestehender Kompetenzen beruht.[60] Diese Gedanken gehen zurück auf *Teece/Pisano/Shuen* (1997). Sie verbanden Ansätze aus dem Management von Forschung und Entwicklung, Produkt- und Prozessentwicklung, Technologietransfer, Human Ressources und Organisationalem Lernen. Da diese Felder bis dahin wenig Bezug zum Strategischen Management hatten, sehen sie in ihrem Ansatz eine integrative Perspektive.[61] Vor allem in neueren Branchen, die von schnellem Wandel gekennzeichnet sind, haben Unternehmen Wettbewerbsvorteile erhalten können, die **schnell und flexibel Produktinnovationen** hervorbringen und deren Management die Fähigkeit hat, effektiv interne und externe Kompetenzen zu koordinieren und auf neue Art und Weise anzuwenden.[62] Diese Fähigkeit bezeichnen *Teece/Pisano/Shuen* (1997) als „dynamic capabilities".[63] Dabei bezieht sich „dynamisch" auf die sich wandelnden Umweltbedingungen, während der Begriff „Fähigkeiten" die Schlüsselrolle des strategischen Managements herausstellt. Genauer geht es um „... *appropriately adapting, integrating, and reconfiguring internal and external organizational skills, resources, and functional competencies to match the requirements of a changing environment.*"[64] Obwohl *Teece/Pisano/Shuen* (1997) in ihrem Aufsatz eine Liste mit Definitionen einfügen, bleiben **Unklarheiten** bestehen. „*To be strategic a capability must be honed to a user need..., unique and difficult to replicate.*"[65] Eine strategisch relevante Fähigkeit weist also diese drei Eigenschaften auf, die so allerdings ursprünglich auch schon für Res-

---

[58] Vgl. *Bowman/Ambrosini* (2003), S. 292.

[59] Siehe dazu *Schumpeter* (1934) und *Schumpeter* (1942).

[60] Dabei bezieht sich die Analyse der dynamischen Fähigkeiten – vor allem bei *Bowman/Ambrosini* (2003) – hauptsächlich auf Unternehmen mit einer Trennung zwischen mehreren Geschäftseinheiten und der strategischen Führung über eine Konzernstruktur. Demzufolge ist es die Konzernführung, die dynamische Fähigkeiten aufweist, mit denen Ressourcen (für die SGE) neu arrangiert werden sollen. Die Möglichkeiten können dabei eingeteilt werden in reconfiguration, leverage, learning and integration. Vgl. *Bowman/Ambrosini* (2003), S. 293.

[61] "'...this approach emphasizes the development of management capabilities, and difficult-to-imitate combinations of organizational, functional and technological skills...'" *Teece/Pisano/Shuen* (1997), S. 510.

[62] Vgl. *Teece/Pisano/Shuen* (1997), S. 518f.

[63] *Teece/Pisano/Shuen* (1997), S. 514f.

[64] *Teece/Pisano/Shuen* (1997), S. 515.

[65] *Teece/Pisano/Shuen* (1997), S. 516f.

sourcen maßgeblich sind.[66] An anderer Stelle wird eine ähnliche Definition für den Begriff „distinctive competence" verwendet: *"A difficult-to-replicate or difficult-to-imitate competence was defined earlier as a distinctive competence. ... the key feature of distinctive competence is that there is not a market for it, except possibly throught the market for business units. Hence competencies and capabilities are intriguing assets as they typically must be built because they cannot be bought."*[67] Hier werden Kompetenzen und Fähigkeiten als „assets" beschrieben, für die es keinen Markt gibt. **Dynamische Fähigkeiten** werden in der Literatur folgendermaßen definiert:

***Eisenhardt/Martin* (2000)** sehen sie als *„the firm's processes that use resources— specifically the processes to integrate, reconfigure, gain and release ressources—to match and even create market change. Dynamic capabilities thus are the organizational and strategic routines by which firms achieve new resource configurations as markets emerge, collide, split, evolve, and die."*[68]

***Teece/Pisano/Shuen* (1997)** beschreiben sie ähnlich als *„(...) the firm's ability to integrate, build, and reconfigure internal and external competences to address rapidly changing environments. Dynamic capabilities thus reflect an organization's ability to achieve new and innovative forms of competitive advantage given path dependencies and market positions."*[69]

***Winter* (2003)** unterscheidet normale und dynamische Fähigkeiten: *„(...) are in contrast with ordinary („operational capabilities") as they are concerned with change.*[70] und definiert den Begriff Fähigkeiten als *„(...) a high-level routine (or collection of routines) that, together with its implementing input flows, confers upon an organization's management a set of decision opinions for producing significant outputs of a particular type."*[71]

***Bowman/Ambrosini* (2003)** sind der Ansicht, *„[t]hese capabilities are likely to be path dependent routines (...) and as such they may resist imitation by rival corporations."*[72]

---

[66] Genaugenommen werden Ressourcen durch *Barney* (1991) sogar noch mit einer weiteren Eigenschaft, der Nicht-Substituierbarkeit belegt, die für dynamische Fähigkeiten scheinbar nicht vorgesehen ist. Siehe dazu Abschnitt 2.3 auf Seite 8.
[67] *Teece/Pisano/Shuen* (1997), S. 518.
[68] *Eisenhardt/Martin* (2000), S. 1107.
[69] *Teece/Pisano/Shuen* (1997), S. 516.
[70] *Winter* (2003), S. 992.
[71] *Winter* (2003), S. 991.
[72] *Bowman/Ambrosini* (2003), S. 293.

Auf eine andere Art und Weise werden dynamische Fähigkeiten auch bei *Srivastava* (2005) angesprochen. Hier wird zusammengefasst, dass nicht der Besitz von Kernkompetenzen an sich einen Wettbewerbsvorteil verschafft, sondern vielmehr erst ihr erfolgreiches „identification, nurturing, development, and deployment" dem Unternehmen Wertzuwachs verschafft.[73] Damit erfüllen Sie die Eigenschaften „normaler" Kernkompetenzen. Auch *Barney/Wright/Ketchen* (2001) stehen der Literatur zu dynamischen Fähigkeiten kritisch gegenüber und gehen davon aus, dass es sich nur um definitorische Ungenauigkeiten handelt.[74] In dieser Arbeit wird daher der auf der strategischen Flexibilität beruhende dynamische Charakter „normaler" Kernkompetenzen als ausreichend betrachtet, so dass nicht extra in „dynamischen Fähigkeiten" unterschieden werden muss.

2.7 Theoretischer Bezugsrahmen für die Identifikation von Kernkompetenzen

2.7.1 Definitionen: Ressourcen, Fähigkeiten, Kernkompetenzen

Nachdem die Grundlagen für ein Verständnis des ressourcenorientierten Ansatzes und seiner Entwicklungslinien gelegt sind, wird nun das Theoriegerüst für die empirische Analyse zusammengestellt. Dabei werden aus den beschriebenen Ansätzen essentielle Grundlagen gewählt und ein Konzept zur empirischen Identifikation von Kernkompetenzen im liberalisierten Gashandel vorgestellt. Dazu werden die Begriffe Ressourcen, Fähigkeiten, Kompetenzen und Kernkompetenzen definiert und ihre empirische Herleitung beschrieben. **Ressourcen** werden nach *Hafeez/Zhang/Malak* (2002) definiert als „(...) *anything „tangible" as well as „intangible" owned or acquired by a firm* (...)"[75] Wobei sich „owned or acquired" einerseits auf rechtliches Eigentum, andererseits aber eben auch auf den reinen „Besitz," – der nicht zwingend mit einem Eigentumsverhältnis verbunden sein muss – bezieht, um dem Netzwerkcharakter moderner Industrien besser gerecht zu werden.[76]

Fähigkeiten entstehen durch Anwendung von Ressourcen. Fähigkeiten nutzen die Existenz von Ressourcen und können durch ihren Prozesscharakter vom Ressourcenbe-

---

[73] Vgl. *Srivastava* (2005), S.50.
[74] Vgl. *Barney/Wright/Ketchen* (2001), S. 631.
[75] *Hafeez/Zhang/Malak* (2002), S. 29.
[76] Vgl. *Hafeez/Zhang/Malak* (2002), S. 29.

griff abgegrenzt werden.[77] Dies geschieht durch eine an *Grant* (1991) angelehnte Definition von Fähigkeiten als „*the ability to make use of resources to perform some task or activity.*"[78] Dies bezieht vor allem Lösungsschemata für Probleme mit ein, also Interaktionsmuster zwischen Elementen des Unternehmens. Sie entstehen im Laufe der Geschichte durch Lernprozesse im Unternehmen. Fähigkeiten sind damit im Unternehmenssystem verankert, während Ressourcen auch eigenständig existieren können.[79] Allerdings sollte die von *Moldaschl* (2006) aufgeworfene Akteursperspektive nicht außer Acht gelassen werden. Es kann soweit gehen, dass ganze Unternehmen mit all ihren integrierten Fähigkeiten von anderen Unternehmen akquiriert und als Ressource betrachtet werden können. Diese zirkuläre Beziehung wird allerdings zum Zwecke der besseren Operationalisierung in dieser Arbeit vernachlässigt. Abbildung 2.3 verdeutlicht die Beziehung zwischen Ressourcen und Fähigkeiten.

Abbildung 2.3: Verhältnis von Ressourcen und Fähigkeiten[80]

Integrationstiefe und Einzigartigkeit kennzeichnen Kompetenzen, die sich von den sonstigen Fähigkeiten unterscheiden lassen. Der Integrationsgrad beschreibt die Verbreitung und Anwendung der Fähigkeit über Funktionsbereiche, Produktkategorien und Geschäftsbereiche hinweg. Die Einzigartigkeit wird durch Seltenheit, Nichtimitierbarkeit und Nichtsubstituierbarkeit gemessen. Besonders stark integrierte und gleichzeitig besonders einzigartige Fähigkeiten werden so als Kompetenzen von den übrigen Fähigkeiten abgegrenzt.

Kernkompetenzen sind strategisch flexible Kompetenzen, die die Grundlage für verschiedene Geschäftsfelder darstellen. Sie sind ebenfalls selten, schwer imitierbar und

---

[77] Vgl. *Hafeez/Zhang/Malak* (2002), S. 29.
[78] *Hafeez/Zhang/Malak* (2002), S. 29.
[79] Vgl. *Hafeez/Zhang/Malak* (2002), S. 30.
[80] Quelle: leicht modifiziert übernommen von *Hafeez/Zhang/Malak* (2002), S. 30.

nicht-substituierbar. Was sie darüber hinaus noch auszeichnet ist ihre strategische Flexibilität, die aus einem breiten Anwendungsspektrum resultiert. Wie aus dem Ansatz dynamischer Fähigkeiten deutlich wird, ist es besonders in sich schnell wandelnden Umwelten wichtig, die Fähigkeiten des Unternehmens immer wieder anzupassen. Kernkompetenzen liefern genau diese Flexibilität, indem sie grundlegende Möglichkeiten bieten, die sich auf neue Arten anwenden lassen.[81] Kernkompetenzen werden in dieser Arbeit demnach als flexibel genug betrachtet, um den von *Teece/Pisano/Shuen* (2000) angesprochenen dynamischen Märkten entsprechende Fähigkeiten entgegenzusetzen. Auf Grundlage dieser Arbeitsdefinitionen werden nun die konkreten Schritte zur empirischen Analyse beschrieben.

2.7.2 Prozess und Arbeitsschritte zur Identifikation von Kernkompetenzen

Um im empirischen Teil (Kapitel 5) in teilstrukturierten Interviews mit Verantwortlichen des Gashandels Kernkompetenzen zu identifizieren, werden die folgenden Schritte durchlaufen: **Identifizierung** von Fähigkeiten durch eine Betrachtung der operationalen Funktionsbereiche des Unternehmens, **Bewertung dieser Fähigkeiten** nach den Maßstäben Integration und Einzigartigkeit zur Abgrenzung von Kompetenzen, und **Bewertung der Kompetenzen** anhand ihrer strategischen Flexibilität um Kernkompetenzen zu identifizieren. Abbildung 2.4 gibt dies grafisch wider.

Schritt 1: Identifikation von Schlüsselfähigkeiten

Die Fähigkeiten, die für den Erfolg des Geschäftsverlaufs von entscheidender Bedeutung sind, können durch Analyse der internen Funktionsbereiche auf hohe Wertschöpfungen und/oder die Sicherung von Marktanteilen identifiziert werden. Dabei sollten nicht nur finanzielle Bewertungen einfließen, sondern auch eine zukunftsorientierte Kunden- und Innovationsperspektive.[83] Analog zum Vorgehen von *Hafeez/Zhang/Malak* (2002) werden dazu vor den Interviews operationelle Funktionsbereiche definiert. Dies geschieht im Kapitel 4 dieser Arbeit durch die Darstellung der Geschäftsprozesse im Gashandel. Davor werden im Kapitel 3 die wirtschaftlichen und strukturellen Rahmenbedingungen

---

[81] *Hafeez/Zhang/Malak* (2002), S. 30f.
[82] Quelle: Eigene Darstellung.
[83] *Hafeez/Zhang/Malak* (2002), S. 31.

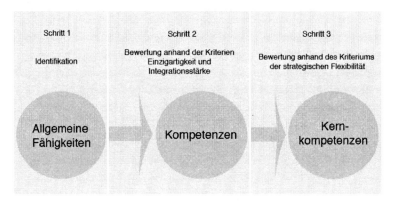

Abbildung 2.4: Arbeitsschritte zur Identifikation von Kernkompetenzen in der Empirie[82]

auf europäischer und deutscher Ebene dargestellt. Die Befragung der Experten nach den essentiellen Fähigkeiten innerhalb des Gashandels findet auf der Basis der beiden Kapitel 3 und 4 in Verbindung mit den theoretischen Ausführungen dieses Kapitels statt.[84]

Schritt 2: Festlegung von Kompetenzen

Im zweiten Schritt wird der Integrationsaspekt, der die bereichsübergreifende Anwendung der Fähigkeiten beschreibt, bewertet. Die Analyse der Integration findet über die drei Perspektiven Funktionen, Geschäftsfelder und Produkte statt. Der Bewertungsmaßstab zwischen eins und vier wird am Ende addiert und spiegelt die Meinung des Managements über die Integrationsaspekte der jeweiligen Schlüsselfähigkeit wider. Ein hoher Wert signalisiert eine starke Integration der Fähigkeit. Die Fähigkeiten werden außerdem anhand von Merkmalen zur Einzigartigkeit bewertet. Die Merkmale sind Seltenheit, Nichtimitierbarkeit und Nichtsubstituierbarkeit und auch hier findet analog ein Punktesystem Anwendung. Die Addition über Integrationsstärke und Einzigartigkeit hinweg ergibt die relevante Summe, anhand derer die sechs wichtigsten Fähigkeiten – definitorisch nun Kompetenzen – identifiziert werden können.

---

[84] *Hafeez/Zhang/Malak* (2002), S. 31.

Schritt 3: Festlegung von Kernkompetenzen

Kernkompetenzen sind strategisch flexible Kompetenzen. Dabei wird strategische Flexibilität mit Hilfe der beiden Kriterien „andersartiger Einsatz von Ressourcen" und „Reorganisation von Routinen" operationalisiert. Die im zweiten Arbeitsschritt identifizierten Kompetenzen werden vom Interviewpartner im Hinblick auf diese beiden Kriterien mit Punkten zwischen 1 und 4 bewertet. Dabei wird die Bewertung mit einer Frage nach den Entwicklungspotentialen des Gashandels eingeleitet, um die Kompetenzen daran messen zu können, ob sie diesen Entwicklungen etwas wertschöpfendes beisteuern können. Die anschließende Addition gibt Aufschluss über strategisch besonders flexible Kompetenzen, die definitorisch als Kernkompetenzen bezeichnet werden.[85] Der Grenzwert für die Unterscheidung in Kernkompetenzen und Nicht-Kernkompetenzen wird der Mittelwert sein.[86]

2.8 Ausblick auf die empirische Analyse

In seiner ursprünglichen Form ist der Kernkompetenzansatz auf die Analyse von Konglomeraten mit verschiedenen SGE zurückzuführen. In diesem Sinne legt er dar, dass den unterschiedlichen Endprodukten, die für verschiedene Märkte produziert werden, die gleichen Kernkompetenzen (und als deren physische Manifestation evtl. Zwischenprodukte) zugrunde liegen, aus denen die insgesamte Überlegenheit des so aufgestellten Konglomerates gegenüber anderen Unternehmensformen resultiert. Will man hier eine Anwendung auf den Gashandel vollziehen, so werden **Fähigkeiten im Sinne von Patenten** oder Fertigungstechnologien und physische (Zwischen-) Produkte als Grundlage kaum vorhanden sein. Daher wird sich die Analyse einerseits auf Fähigkeiten beziehen, die so in allen Gashandelsunternehmen ähnlich ausgeprägt sind, andererseits wird die Bewertung in den Interviews sehr subjektiv ausfallen. Ob sich trotzdem unterschiedliche Spezialisierungen erkennen lassen, wird sich zeigen. Auf die **theoretische Substanz** bezogen wird in der Literatur diskutiert, dass ressourcenorientierte Argumentationen oftmals zirkulär sind, also Annahmen, die sie prüfen wollen, bereits in Prämissen voraussetzen. Die Tautologie rührt im Wesentlichen daher, dass der Fähigkeitsbegriff nur umfassend genug ausgelegt sein muss, um jedes beobachtbare Handeln damit erklären zu können. Dies zeigt sich in der Flut neuer Bezeichnungen: Innovationsfähigkeit, Evolu-

---

[85] *Hafeez/Zhang/Malak* (2002), S. 33.
[86] *Hafeez/Zhang/Malak* (2002), S. 31.

tionsfähigkeit, Zukunftsfähigkeit, Kooperations- und Netzwerkfähigkeit, absorptive capacity, dynamic capabilities, strategic change capabilitites, und architectural capability. Die aktuelle Mode ist: alles ist Kompetenz. Nur, wenn alles Kompetenz ist, ist Kompetenz am Ende nichts.[87] Mit Hilfe der in diesem Abschnitt festgelegten Definitionen wird es möglich sein, Kernkompetenzen im liberalisierten Gashandel anhand einer stringenten Methode aufzudecken. Im nächsten Kapitel werden wichtige Schritte auf dem Weg der Liberalisierung der Europäischen Gaswirtschaft dargestellt, um zu verdeutlichen, welche Anforderungen durch die Umwälzungen an ein in der Gaswirtschaft tätiges Unternehmen gestellt werden.

---

[87] Vgl. *Moldaschl* (2006), S. 3f.

3 Strukturelle und rechtliche Rahmenbedingungen der Erdgasmärkte

3.1 Einleitung

Nach der theoretischen Fundierung (Kapitel 2) können im nun folgenden Kapitel 3 die **strukturellen und rechtlichen Rahmenbedingungen der Erdgasmärkte auf europäischer und deutscher Ebene** beschrieben werden. Um ein Verständnis von den Bedingungen der Gaswirtschaft zu bekommen, wird zunächst **Erdgas** als Energieträger näher beleuchtet (Abschnitt 3.2), gefolgt von einer Darstellung der **Wertschöpfungskette** der Gaswirtschaft im Allgemeinen und der **deutschen Gaswirtschaft** im Besonderen (Abschnitte 3.3 und 3.4). Nach diesen strukturellen Aspekten können **europarechtliche** Rahmenbedingungen und ihre **Umsetzung in Deutschland** vorgestellt werden (Abschnitte 3.5 und 3.6). Dabei wird sowohl auf die Begründung der Liberalisierungsbemühungen auf europäischer Ebene eingegangen, wie auch der deutsche Sonderweg des verhandelten Netzzugangs und seine Beendigung durch die Etablierung einer Regulierungsinstanz behandelt. Das Kapitel schließt ab Seite 52 mit Bemerkungen über die **Auswirkungen der Liberalisierung**, wobei auf die Anpassung der Unternehmensstrukturen, die Etablierung von Gashandelspunkten, die Versorgungssicherheit, die Entwicklung des Gaspreises und die Aufteilung des deutschen Gashandelsgebietes eingegangen wird.

3.2 Charakteristika und Bedeutung des Energieträgers Erdgas

Erdgas[88] ist leitungsgebunden, muss also am Ort seiner Quelle gefördert und zum Verbraucher transportiert werden.[89] Für den Ferntransport von Erdgas sind daher Hochdruckröhrenleitungen (pipelines) oder Schiffe erforderlich. Für den Schifftransport per liquefied natural gas (LNG) wird das Gas verflüssigt, wozu etwa 1/4 der transportierten Energie aufgewendet werden muss.[90] Gas ist im Gegensatz zu Strom speicherbar, wodurch ein Ausgleich von Bedarfsschwankungen möglich wird. Daher müssen Transportnetz und Produktionsinfrastruktur nicht an der maximalen Nachfrage ausgerichtet werden.[91] Gas weist im Vergleich zu Erdöl und Kohle einen extrem niedrigen CO_2-Gehalt auf und ist damit vor dem Hintergrund von Zertifikatehandel und CO_2-Beschränkungen besonders attraktiv.[92] Es wird überwiegend für Heizzwecke, zur Erzeugung von Prozesswärme in der industriellen Produktion und zur Stromerzeugung eingesetzt.[93] Für Gas existiert kein einheitlicher Weltmarkt, da sich aufgrund der vergleichsweise hohen Transportkosten lediglich regionale Märkte entwickelt haben.[94] Das Zeitalter der kommerziellen Nutzung von Erdgas in Europa wurde 1959 durch die Entdeckung riesiger Erdgasvorkommen vor der niederländischen Küste eingeleitet. Daneben sind die europäischen Staaten mit Hilfe von Tankschiffen mit flüssigem Erdgas versorgt worden.[95] Seitdem ist der Anteil von Erdgas an der Primärenergieversorgung sehr stark angestiegen.[96] Vor allem die Ölkrise 1973 begünstigte den Erdgasverbrauch in Europa, was zur Folge hatte, dass man bis Ende des Jahrzehnts aus elf Nationen Gas importierte. Die Sowjetunion wurde zum größten Lieferanten für Zentraleuropa und – bereits vor dem Mauerfall – ebenso für Westeuropa. Seit Mitte der 1990er Jahre sind alle EU-Staaten in das europäische Gasnetz integriert.[97] Der größte Anteil von Gas am Primärenergieverbrauch ist mit knapp 50% in den Niederlanden zu finden. Aber auch Großbritannien und Italien sind weitere bedeutende Gasmärkte.[98] In Deutschland hat in den letzten

---

[88] Es wird zwischen künstlich hergestellten und Naturgasen unterschieden. Erdgas besteht zu 95 Prozent aus Naturgasen. Vgl. *Flakowski* (2003), S. 1.

[89] Vgl. *Hosius* (2004), S. 31.

[90] Vgl. *Flakowski* (2003), S. 9.

[91] Vgl. *Stäcker* (2004), S. 6.

[92] Vgl. *Cerbe* (1999), S. 3.

[93] Vgl. *Dahl* (1990), S. 13.

[94] Vgl. *Seeliger* (2004), S. 4.

[95] Seit 1964 aus Algerien und seit 1970 aus Libyen. Vgl. *Seeliger* (2004), S. 4.

[96] Vgl. *Hosius* (2004), S. 33.

[97] Vgl. *Seeliger* (2004), S. 5f.

[98] Vgl. *Flakowski* (2003), S. 13.

Jahren ein starkes Wachstum des Gasanteils am Primärenergieverbrauch stattgefunden, was hauptsächlich darauf zurückzuführen ist, dass die Stromerzeugung auf Erdgasbasis ausgeweitet wird und Privathaushalte immer stärker Erdgas einsetzen.[99]

3.3 Die Wertschöpfungskette der Gaswirtschaft

3.3.1 Produktion

Die Wertschöpfungskette der Gaswirtschaft besteht aus den Bereichen Produktion, Ferntransport, Speicherung und Verteilung. Außerdem findet auf jeder Stufe des Wertschöpfungsprozesses Handel mit Gas statt.[100] Zur Produktion gehören die Exploration, das Aufsuchen der Gaslagerstätten und der Aufbau eines oft kilometerlangen Pipelinenetzes, um Gas aus den Förderanlagen zu den Weiterverarbeitungsfabriken bzw. zur Transportpipeline zu führen.[101] Unter Gastransport wird die Beförderung des Energieträgers von den Weiterverarbeitungsanlagen in die Absatzgebiete vor allem durch Pipelines, aber auch mittels Schiffen, verstanden.[102] Fernversorgungsunternehmen leiten das Gas da-

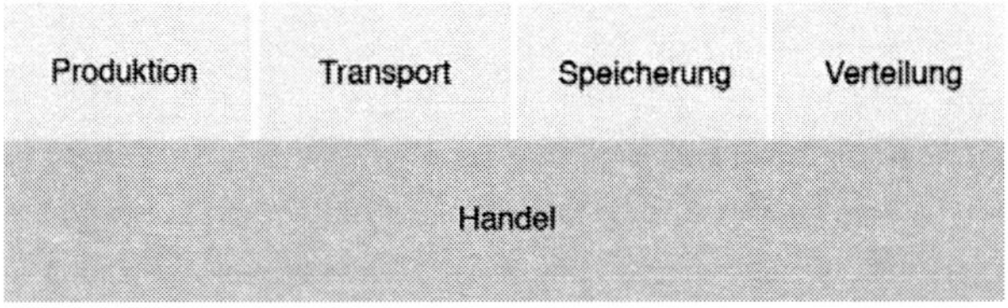

Abbildung 3.1: Wertschöpfungskette in der Gaswirtschaft[103]

nach an regionale und kommunale Versorgungsunternehmen weiter. Bei der Beförderung des Erdgases von der Quelle zum Verbraucher kann zwischen dem Transport über weite Strecken und der (End-) Verteilung an die Verbraucher unterschieden werden. Damit eng verbunden ist die Erdgasspeicherung, die für einen Ausgleich der Bedarfsschwankungen

---

[99] Steuerliche Vergünstigungen bei der Verwendung von Erdgas als Kraftfahrzeugtreibstoff tragen ebenfalls zur steigenden Nachfrage bei. Vgl. *Niederprüm/Pickhardt* (2002), S. 257.
[100] Vgl. *Stäcker* (2004), S. 6.
[101] Dies wird als "'gathering'" bezeichnet. Vgl. *Flakowski* (2003), S. 7ff.
[102] Vgl. *Stäcker* (2004), S. 6.
[103] Quelle: Eigene Darstellung.

sorgt.[104] Abbildung 3.1 stellt die Wertschöpfungsstufen grafisch dar.

3.3.2 Transport

Ein wichtiger Bereich des Erdgastransports ist der Ferngastransport, der grenzüber-schreitende Gaslieferungen, sowie nationale Langstreckentransporte einschließt. Er kann durch Hochdruckpipelines[105] oder mittels Verschiffung von verflüssigtem Erdgas erfol-gen.[106] Für Deutschland spielt die LNG-Verschiffung aufgrund der zentralen Lage bezüg-lich der wichtigsten Förderländer eine geringe Rolle, weshalb in Deutschland noch keine LNG-Anlandeterminals errichtet wurden.[107] Die Internationalisierung des Erdgasbezuges in Europa – mit seinem weitverzweigten Pipelinenetz sowie den LNG-Anlandeterminals – und gemeinsam gestaltete Importprojekte mindern die Risiken für einzelne Unter-nehmen und erhöhen die Versorgungssicherheit. Das Netz verbindet die europäischen Staaten untereinander und mit den Förderregionen auf dem europäischen Festland, in der Nordsee, in Russland und in Nordafrika. Das deutsche Netz ist fest in diesen Verbund integriert.[108] Um die Versorgungssicherheit in Europa weiter zu gewährleisten, werden neue Gasleitungen gebaut.[109] Das Bindeglied zwischen Ferntransportsystemen und der Verteilung an die Verbraucher stellen Hochdruckleitungen dar, aus denen Großverbrau-cher teilweise direkt beziehen können.[110] Verdichterstationen, die sich am Streckennetz befinden, gleichen den über große Strecken auftretenden Druckabfall aus.[111] Das Gas-leitungssystem stellt gleichzeitig einen natürlichen Speicher dar, dessen Befüllungsgrad vom Betriebsdruck abhängt. Um ihn konstant zu halten, müssen die Bedarfsmengen zwischen Händlern, Netzbetreibern und Einspeisern gut abgestimmt werden.[112]

---

[104] Vgl. *Flakowski* (2003), S. 10.

[105] Um kleine Transportvolumina und hohe Energiedichten zu erhalten, werden möglichst hohe Gas-drücke favorisiert. Vgl. *Hoffmann* (1994a), S. 406.

[106] Vgl. *Klag* (2003), S. 97.

[107] Vgl. *Beckervordersandforth/Nowak* (2005), S. 106.

[108] Vgl. *Dahl* (1990), S. 19f.

[109] Dazu gehört die North European Gas Pipeline, die die russische Barentsee mit dem deutschen Gas-netz verbindet und durch die Ostsee verlegt wird. Vgl. *Böhmer* (2006), S. 58.

[110] Vgl. *Dahl* (1998), S. 57.

[111] Vgl. *E.On Ruhrgas AG* (2006a).

[112] Vgl. *N.N.* (2005), S. 37.

3.3.3 Speicherung

Der Erdgasverbrauch schwankt im Tages-, Wochen- und im Jahresverlauf.[113] Zum Ausgleich jahreszeitlicher Verbrauchsschwankungen, zur Verbesserung der Wirtschaftlichkeit des Gastransportleitungsnetzes, zur Deckung des Spitzenbedarfs und zur Sicherstellung der Gasversorgung im Falle von Betriebsstörungen werden Gasspeicher als Puffer eingesetzt.[114] Dabei kann man grundsätzlich zwischen großvolumigen Untertagespeichern, oberirdischen Speicherbehältern und LNG-Tanks unterscheiden.[115] Im Jahresverlauf wird in relativ konstanter Menge Erdgas geliefert, wovon ein Teil für den Winterbedarf entweder untertage – in Poren- und Kavernenspeichern – oder in LNG-Tanks gespeichert wird.[116] Zwar kann man mit Verflüssigung das Volumen des Gases reduzieren, aufgrund des hohen Energiebedarfs zur Verflüssigung sind LNG-Speicher aber meist nur an den Anlandeterminals errichtet, wo das Gas bereits verflüssigt eintrifft.[117] Oberirdische Niederdruckbehälter und Hochdruckspeicher (z.B. Kugelgasbehälter) finden aufgrund ihrer relativ kleinen Volumina lediglich lokale Verwendung. Zur Abdeckung von Lastspitzen tragen sie allerdings wesentlich bei.[118] Die Nutzung der Speicherfähigkeit des Gastransportnetzes wird als Netzatmung bezeichnet. Daneben können erdverlegte Röhrenspeicher, die in das Leitungsnetz integriert sind, verwendet werden.[119] Gasspeicher dienen nicht mehr nur dem saisonalen Ausgleich als Puffer für kalte Wintermonate, sondern dem Gashandel in immer stärkerem Maße auch zur Strukturierung von Lieferungen.[120]

3.3.4 Verteilung

Beim Übergang von den Transportleitungen in die nachgeschalteten Verteilungssysteme wird der Druck an Übergabestationen stufenweise reduziert. In sehr kleinen Gemeinden

---

[113] Beispielsweise beträgt die Verbrauchslast in Deutschland im Winter ca. das Vierfache der Last des Sommers. Vgl. *Pietsch* (2004), S. 237.

[114] Vgl. *Haddenhorst* (1990), S. 610.

[115] Knapp die Hälfte der deutschen Untertagespeicherkapazitäten befinden sich in Niedersachsen. Vgl. *Powernews* (2007), S. 1.

[116] Porenspeicher sind poröse und durchlässige Gesteinsschichten, die mit undurchlässigen Erdschichten abgedeckt sind. Sie können z.B. in ehemaligen Gas- und Öllagerstätten angelegt werden. Kavernenspeicher sind angelegte Hohlräume meist innerhalb eines Salzstocks. In Deutschland gibt es über 40 Erdgasuntergrundspeicher und der angestrebte Speicheranteil beträgt ca. 20% des Jahresverbrauchs. Vgl. *Pietsch* (2004), S. 237ff.

[117] Vgl. *Perner* (2002), S. 26.

[118] Vgl. *Haddenhorst* (1990), S. 613.

[119] Vgl. *Dahl* (1998), S. 84f.

[120] Vgl. *Powernews* (2006c), S. 1.

wird er sofort auf die Werte des Endverbrauchernetzes gesenkt.[121] Die übergeordneten Verteilungsnetze sind ring- oder sternförmig strukturiert.[122] Das Endverbrauchernetz folgt meist unterirdisch dem Straßenverlauf. Die privaten Endverbraucher werden mittels Erdgashausanschlüssen beliefert. Eine vermaschte Form des Netzes[123] gewährleistet eine gewisse Versorgungssicherheit, z.B. bei Reparaturmaßnahmen.[124] Neben den Gasleitungen, Übergabestationen und Reglerstationen sind in vielen Städten Druckgasbehälter und Spitzengasanlagen an das übergeordnete Verteilungsnetz angeschlossen, deren Überwachung und Steuerung Gasnetzleitwarten bzw. Gasnetzleitstellen übernehmen.[125] Damit sind die technischen Charakteristika von Erdgas und seiner Wertschöpfungskette im Groben erklärt und es folgen nun im Abschnitt 3.4 die wirtschaftlichen Besonderheiten der deutschen Gaswirtschaft.

3.4 Wirtschaftliche Struktur der deutschen Gaswirtschaft

3.4.1 Überblick

In Deutschland kann die Erdgasversorgungskette in vier Marktstufen unterteilt werden: Produktion (Förderung), Import- und Ferngasstufe, Regionalgasstufe und Ortsgasstufe. Dies ist in Abbildung 3.3 dargestellt. Im Gegensatz zu zentralistischen Strukturen, wie sie z.B. in Frankreich und Großbritannien vorkommen, herrscht in Deutschland eine dezentrale kommunalwirtschaftliche Anordnung vor, die durch komplizierte wirtschaftliche Verflechtungen gekennzeichnet ist.[126] Die 750 Unternehmen der deutschen öffentlichen Gaswirtschaft beschäftigen ca. 36.000 Mitarbeiter.[127] Ca. 20 davon sind im Bereich der Gasproduktion bzw. dem Import oder der überregionalen Durchleitung von Gas tätig. Ca. 80 Unternehmen betreiben regionale Durchleitung bzw. Verteilung und ca. 650 loka-

---

[121] Vgl. *Hoffmann* (1994b), S. 411.

[122] Vgl. *Perner* (2002), S. 27.

[123] Der Gaszufluss erfolgt von zwei Seiten.

[124] Die Verteilung erbringt neben der Weiterbeförderung weitere Dienstleistungen: Das von Natur aus geruchsneutrale Erdgas wird durch Odorierung mit Geruchsstoffen versetzt, um Leckagen und unkontrollierten Gasaustritt leichter bemerkbar zu machen. Kleinvolumige Gasspeicher dienen der Deckung von Lastspitzen und die Verteilunternehmen führen Messungen und die Rechnungsstellung des Gasverbrauchs der Kunden durch. Vgl. *Perner* (2002), S. 27.

[125] Vgl. *Perner* (2002), S. 411f.

[126] Vgl. *Klag* (2003), S. 114.

[127] Vgl. *E.On Ruhrgas AG* (2007b), S. 1.

le Versorger beliefern Endverbraucher.[128] Zur öffentlichen Gaswirtschaft zählen Erdgas-fördergesellschaften, Ferngasgesellschaften, Orts- und Regionalgasversorgungsunternehmen, sowie Kokereien. Zur übrigen Gaswirtschaft zählen Steinkohlebergbau, Eisenindustrie und Mineralölindustrie, wo Gas als Kuppelprodukt erzeugt wird.[129] Eine eindeutige

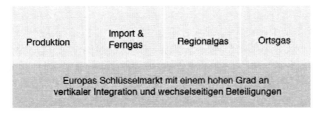

Abbildung 3.2: Struktur der deutschen Gaswirtschaft[130]

Zuordnung von Unternehmen zu diesen Stufen ist aufgrund der **vertikal ausgeprägten Integration** innerhalb der Gaswirtschaft nicht immer möglich.[131] Durch Beteiligungen der importierenden und regionalen Gasversorger an den nachgelagerten Verteilerunternehmen hat der Integrationsgrad in den vergangenen Jahren zugenommen.[132] Dadurch, dass der deutsche Staat und deutsche Kommunen es als ihre Aufgabe ansehen, die Öffentlichkeit mit Energie zu versorgen, sind deren Beteiligungen an Energieversorgungsunternehmen und ihre Einflussnahme auf die Energiewirtschaft erheblich, auch wenn die Energieversorgung grundsätzlich als privatwirtschaftliche Angelegenheit verstanden wird. So kommt es zur Begriffsbildung der „öffentlichen Gaswirtschaft".[133] Aufgrund seiner zentralen geographischen Postition und seines Wachstumspotentials ist der deutsche Gasmarkt als **Europas Schlüsselmarkt** zu betrachten. Deutschland ist mit über 80% Importquote Europas größter Gasimporteur.[134] Dabei besteht neben der vertikalen Integration auch ein hoher Grad an wechselseitigen (horizontalen) Beteiligungsverhältnissen.[135] Nach einigen Übernahmen und Zusammenschlüssen sieht es derzeit danach aus, dass RWE und E.On die führenden Unternehmen der Branche werden.[136] Im Folgenden wird näher auf die einzelnen Marktstufen der deutschen Gaswirtschaft eingegangen.

---

[128] Vgl. *Schiffer* (2003), S. 168.
[129] Vgl. *Bundesverband der deutschen Gas- und Wasserwirtschaft e.V.* (2005), S. 13.
[130] Quelle: Eigene Darstellung.
[131] Vgl. *Spreng* (2005), S. 24.
[132] Vgl. *Hense* (2005), S. 5.
[133] Vgl. *Rügge* (1995), S. 22.
[134] Vgl. *Mintz* (2001), S. 65.
[135] Vgl. *Mintz* (2001), S. 65.
[136] Vgl. *Madden/White* (2001), S. 91.

3.4.2 Struktur der Produktionsstufe

In Deutschland sind zehn Erdgasfördergesellschaften mit Exploration, Feldentwicklung und Förderung, sowie Gasaufbereitung und -mischung beschäftigt.[137] Danach geben sie das Erdgas an die Weiterverteiler und zum Teil an Großverbraucher ab.[138] Die Unternehmen der Produktionsstufe oder deren Muttergesellschaften sind meist zugleich auf der Ferngasstufe tätig bzw. über Kapitalverflechtungen mit der nachfolgenden Absatzstufe verbunden. Die damit im Zusammenhang stehenden Einschränkungen für neue Wettbewerber, im Gastransport Lieferungen aus inländischen Förderquellen zu beziehen, sind erheblich und bei ausländischen Erdgasquellen nicht so stark ausgeprägt.[139] Aus Niedersachsen kommt der größte Beitrag der inländischen Förderung, er deckt ca. 16% des deutschen Erdgasaufkommens.[140] Darüberhinaus wird aus dem Ausland importiert.[141] Neben der inländischen Förderung sind deutsche Unternehmen als Erdgasproduzenten im Ausland tätig.[142]

3.4.3 Struktur der Import- und Ferngasstufe

Die Import- und Ferngasstufe ist hauptsächlich für Gastransport zuständig.[143] In dieser Marktstufe wird Erdgas aus dem Ausland eingeführt, bzw. von inländischen Fördergesellschaften bezogen und an nachgelagerte regionale Weiterverteiler und Großverbraucher abgegeben. Dabei sind die Ferngasgesellschaften für die Sicherung einer jeweils gleichbleibenden **Gasbeschaffenheit** verantwortlich,[144] wozu auch die Speicherung größerer Mengen an Gas unter Tage oder in LNG-Tanks gehört, um Lieferverträge einhalten zu können.[145] Als Großhändler stimmen sie die Interessen von Produzenten als Vorlieferanten und von Weiterverteilern bzw. Großverbrauchern als Abnehmer ab.[146] Durch die Direktbelieferung von Großabnehmern, wie Industrie und Kraftwerken, wird knapp ein

---

[137] Vgl. *Schiffer* (2005), S. 148.

[138] Seit 2002 ist die ExxonMobil Production Deutschland GmbH für über zwei Drittel der deutschen Erdgasproduktion verantwortlich. Vgl. *ExxonMobile* (2005).

[139] Vgl. *Neu* (1999), S. 54.

[140] Vgl. *Schiffer* (2005), S. 148ff.

[141] Aktuell bekannt wurde ein Vertrag der BASF und der russischen Gazprom vom April 2006, nach der Die BASF-Tochter Wintershall zu mehr als einem Drittel an der Erschließung des westsibirischen Gasfeldes "Juschno Russkoje" beteiligt wird, an dem wohl auch eine Beteiligung der E.On Ruhrgas vorgesehen ist. Vgl. *Tagesschau.de* (2006a).

[142] Vgl. *Wirtschaftsverband Erdöl- und Erdgasgewinnung* (2004), S. 2.

[143] Vgl. *Neu* (1999), S. 55.

[144] Vgl. *Friedel* (1990), S. 111.

[145] Vgl. *Spreng* (2005), S. 24.

[146] Vgl. *Friedel* (1990), S. 111.

Drittel des Endverbrauchermarktes direkt von den Ferngasgesellschaften – d.h. ohne weitere Marktstufen – bedient.[147] In Deutschland sind sechs **Ferngasgesellschaften** mit Import und überregionalen Tätigkeiten beschäftigt: E.On Ruhrgas (gehört zu E.On), Wingas (gehört zu Wintershall/BASF und Gazprom), RWE Energy (gehört zu RWE), Verbundnetz Gas (VNG), Exxon Mobil Gas Marketing Deutschland und Shell Erdgas Marketing.[148] ExxonMobil und Shell übernahmen 2004 die Lieferbeziehungen der Ferngassparte von BEB Erdgas und Erdöl, die sich seitdem auf den Netzbetrieb beschränkt. Es existieren neun weitere regionale Ferngasgesellschaften, die keinen (nennenswerten) Importbezug aufweisen: Gasversorgung Süddeutschland (GVS), Erdgas Münster, Bayerngas, Saar Ferngas, Gas-Union, EWE, E.On Avacon, Ferngas Nordbayern (FGN) und Erdgasversorgungsgesellschaft Thüringen-Sachsen (EVG). Als einzige regionale Ferngasgesellschaft bezieht Erdgas Münster große Mengen Gas aus inländischen Lagerstätten. Die übrigen Mengen werden von überregionalen Ferngasgesellschaften geliefert. E.On Ruhrgas ist mit Abstand das größte Unternehmen und zusätzlich über den Mutterkonzern E.On an anderen Ferngasunternehmen beteiligt.[149] Abbildung 3.3 zeigt die Entwicklung der Erdgasimporte nach Deutschland mit Blick auf die Herkunft des Gases. Die Ferngasgesellschaften beliefern sich auch untereinander und nutzen mit Hilfe von

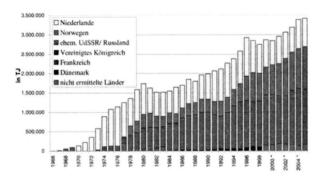

Abbildung 3.3: Entwicklung des Imports von Naturgas[150]

Durchleitungsverträgen teilweise gemeinsame Gasleitungen. Trotz der traditionellen Gebietsabgrenzungen existieren vor allem bei E.On Ruhrgas und Wingas Überschnei-

---

[147] Vgl. *Schiffer* (2002), S. 137.
[148] Vgl. *Hense* (2005), S. 5.
[149] Vgl. *Bundeskartellamt* (2006), S. 5ff.
[150] Quelle: leicht modifiziert übernommen von *Konstantin* (2007, S. 15).

dungen der Gasnetze mit den Versorgungsgebieten anderer Ferngasgesellschaften.[151] Ferngasunternehmen und in- und ausländische Fördergesellschaften bzw. deren Verkaufs-

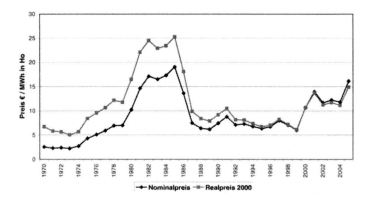

Abbildung 3.4: Grenzübergangspreise für Gas[152]

gesellschaften unterhalten noch sehr langfristige Bezugsverträge, bei denen das Risiko, das mit den hohen Investitionen in die Förderanlagen verbunden ist, durch sogenannte take-or-pay-Klauseln verteilt wird.[153] Die Gaspreise werden beim Grenzübergang aus Norwegen und den Niederlanden in Euro angegeben. Russisches Gas wird noch in Dollar abgerechnet. Die Entwicklung der Grenzübergangspreise für die Einfuhr von Erdgas nach Deutschland ist in Abbildung 3.4 dargestellt.

3.4.4 Regionalgasstufe

Die Regionalgasstufe wird auch Weiterverteilungsstufe genannt und ist den technischen Bereichen Transport und Verteilung zuzurechnen. Es gibt in Deutschland ca. 40 regionale Weiterverteiler, die von den überregionalen und regionalen Ferngasunternehmen

---

[151] Vgl. *Neu* (1999), S. 55ff.

[152] Quelle: leicht modifiziert übernommen von *Konstantin* (2007, S. 17).

[153] Hiermit verpflichtet sich die Ferngasgesellschaft, bestimmte Mindestabnahmemengen zu erwerben, auch wenn der eigentliche Verbrauch unter diese Menge fällt. Sie trägt somit das Mengenrisiko. Demgegenüber beschränkt die Kopplungen des Gaspreises an den Preis von Konkurrenzenergieträgern das Preisrisiko. Somit wird z.B. das Risiko von fallenden Preisen auf dem Ölmarkt und der damit verbundenen fallenden Gasnachfrage begrenzt. Vgl. *Funk/Millgramm/Schulz* (1995), S. 78.

abzugrenzen sind, da sie sich neben dem Hochdruckleitungsnetz auch Mittel- und Niederdrucknetzen bedienen. Sie verteilen das Erdgas an Ortsgasunternehmen bzw. Stadtwerke.[154] Da viele Regionalgasunternehmen neben der Weiterverteilungsfunktion zusätzlich auf der Endverteilungsstufe Verbraucher beliefern, fällt die Abgrenzung teilweise schwer.[155] Werden private Haushalte beliefert, bestehen jedoch in der Regel die langen Lieferketten über alle Stufen.[156] Die Gründe für eine Belieferung von Endverbrauchern auf unterschiedlichen Marktstufen sind verschieden. Einerseits ist es für Teile der Industrie vorteilhafter, Gas aus Hochdrucknetzen zu beziehen. Andererseits sind die Marktstrukturen historisch gewachsen, oder haben sich durch Preisdifferenzen zwischen Vorlieferant und Ortsgasunternehmen gebildet.[157] Auch auf der Regionalgasstufe gibt es nur wenige eigenständige Unternehmen, da die Gesellschaften entweder in kommunalem Besitz oder durch Kapitalbeteiligungen an Ferngasunternehmen und Verbundkonzerne gebunden sind.[158]

3.4.5 Ortsgasstufe

Unternehmen der Ortsgasstufe, zu denen auch die Stadtwerke zählen, verteilen das Erdgas an – meist private – Verbraucher. Sie werden von den Weiterverteilern der Regionalgasstufe oder direkt von Ferngasgesellschaften beliefert.[159] In Deutschland gibt es rund 70 große Stadtwerke und ca. 600 weitere örtliche Gasversorger.[160] Die Stadtwerke München und die Berliner GASAG zählen dabei zu den größten.[161] Neben der Verteilung an private Verbraucher haben die Unternehmen des Weiteren Aufgaben der Druckreduzierung, Gasspeicherung, Odorierung, Gasmessung und Rechnungsstellung. Viele der Unternehmen der Regionalgas- und Ortsgasstufe sind als **Querverbundunternehmen** in den Sparten Gas, Wasser, Strom und Fernwärme tätig, da in kommunalen Querverbünden Synergie-Effekte u.a. im Management-, Personal-, Buchhaltungs- und Marketingbereich und der möglichen Ersparnis von Erfolgssteuerung durch Kompensation defizitärer und gewinnträchtiger Bereiche ermöglicht werden.[162] Über die Hälfte der Unternehmen befindet sich in öffentlicher Hand. Durch Beteiligungsverhältnisse und langfristige

---

[154] Vgl. *Funk/Millgramm/Schulz* (1995), S. 72ff.
[155] Vgl. *Neu* (1999), S. 64.
[156] Vgl. *Funk/Millgramm/Schulz* (1995), S. 86ff.
[157] Vgl. *Funk/Millgramm/Schulz* (1995), S. 86ff.
[158] Vgl. *Klag* (2003), S. 123.
[159] Vgl. *Funk/Millgramm/Schulz* (1995), S. 76.
[160] Vgl. *Schiffer* (2006), S. 48.
[161] Vgl. *Bundesverband der deutschen Gas- und Wasserwirtschaft e.V.* (2005), S. 63.
[162] Vgl. *Spreng* (2005), S. 28.

Lieferverträge können Ferngasgesellschaften eine langfristige Absatzsicherung betreiben und von potentiellen neuen Marktteilnehmern auf der Verteilerstufe höhere Preise fordern, gleichzeitig aber von den Lieferanten niedrige Preise verlangen. Dadurch werden Markteintrittsbarrieren geschaffen.[163]

3.4.6 Endverbraucher

2005 betrug der Erdgasverbrauch in Deutschland rund 102 Mrd. m^3 bzw. 899 Mrd. kWh.[164] Erdgas wird in Deutschland zur Raumbeheizung, zum Kochen und zur Warmwasserbereitung, sowie zur Erzeugung von Prozesswärme in der gewerblichen und industriellen Produktion eingesetzt. Außerdem dient es als Rohstoff in der chemischen Industrie und wird zur Stromerzeugung verwendet.[165] Die privaten Haushalte und weitere Kleinverbraucher, wie Handels- und Gewerbetreibene, Verwaltungsgebäude und öffentliche Einrichtungen sind mit 47% die wichtigste Kundengruppe. 17,8 Mio. und damit fast die Hälfte aller deutschen Wohnungen sind mit Erdgasheizungen ausgestattet, was Erdgas zum **meist genutzten Energieträger** der Wohnungsbeheizung macht.[166] Durch Wärmedämmungen und effizientere Geräte sowie Substitutionseffekte aufgrund des vermehrten Einsatzes von Zusatzheizungen im Haushaltsbereich hat sich der Erdgasverbrauch bei den privaten Haushalten um ca. 2,5% reduziert, während der Gesamtverbrauch um 2% gesteigert wurde.[167] In der **industriellen Produktion** wird die Erdgasnutzung durch hoch entwickelte Mess- und Regeltechnik und verschärfte Umweltschutzauflagen, die mit Erdgas leicht erfüllt werden können, unterstützt. Hier dient es u.a. der Automatisierung industrieller Wärmeprozesse und wird für den Einsatz in energiesparenden Produktionsanlagen benötigt. Kraftwerke, die Erdgas zur Stromerzeugung einsetzen, bilden den drittgrößten Abnehmer. Durch die verstärkte Nutzung der Kraft-Wärme-Kopplung, bei der aus Immissionsschutzgründen häufig Erdgas als Brennstoff eingesetzt wird, stieg der Verbrauch 2005 hier um 20%. Erdgas wird des Weiteren zur Fernwärmeerzeugung eingesetzt und dient dem Eigenverbrauch der Erdgaswirtschaft (z.B. für den Betrieb von Verdichteranlagen) sowie der nichtenergetischen Nutzung als Rohstoff in der chemischen Industrie.[168] Damit ist die Darstellung der wirtschaftlichen Bedeutung von Erdgas in Deutschland abgeschlossen. Die folgenden Abschnitte 3.5 und

---

[163] Vgl. *Spreng* (2005), S. 27ff.
[164] Vgl. *Schiffer* (2006), S. 49.
[165] Vgl. *E.On Ruhrgas AG* (2006b), S. 4.
[166] Vgl. *E.On Ruhrgas AG* (2006b), S. 4f.
[167] Vgl. *Deutsches Institut für Wirtschaftsforschung* (2006), S. 140.
[168] Vgl. *Klag* (2003), S. 126.

3.6 beschäftigen sich mit der Liberalisierung der Erdgasmärkte auf europäischer und deutscher Ebene.

3.5 Die Liberalisierung der europäischen Erdgasmärkte

3.5.1 Hohe Versorgungssicherheit bei monopolistischer Preisbildung

Der folgende Abschnitt dient der Beschreibung rechtlicher Rahmenbedingungen, die sich für den Gashandel durch den Liberalisierungsprozess ergeben. Die europäische Marktstruktur war ursprünglich gekennzeichnet von öffentlichen oder halböffentlichen Unternehmen, die auf ihrer Wertschöpfungsstufe oder ihrem Versorgungsgebiet eine Monopolstellung innehatten.[169] Zurückzuführen ist diese Struktur auf die äußerst kapitalintensive Bereitstellung der **Infrastruktur** für Transport und Lieferung von Erdgas. Da hohe Investitionen mit hohen Risiken verbunden sind, hatten die Gasversorger und -importeure ein Interesse daran, möglichst langfristige Lieferverträge abzuschließen. Sie nutzten ihre Marktmacht als Angebotsmonopole. Gegenüber den Gasproduzenten verschaffte ihnen diese konzentrierte Gasnachfrage dabei eine bessere Verhandlungsposition. So wurde ein Gleichgewicht zwischen Gasproduzenten einerseits und Versorgern und Importeuren andererseits geschaffen.[170] Abbildung 3.5 zeigt das europäische Gasversorgungsnetz. Die nationalen Teilsysteme des europäischen Gasnetzes wurden in der Regel von staatseigenen Versorgungsunternehmen unter monopolistischen Marktbedingungen aufgebaut und betrieben. Aufgrund vollständig integrierter Wertschöpfungsketten und der Kontrolle oft einer oder weniger Organisationen in jedem Staat wurde ein hohes Maß an **Versorgungssicherheit** geschaffen. Allerdings führten Redundanzen innerhalb der Gasinfrastrukturen, die Bildung von Überkapazitäten und teilweise ineffizienter Betrieb, sowie der relativ preis-unelastische Gasverbrauch in fast allen EU-Staaten zu hohen nationa-

---

[169] Am deutlichsten wird dies am französischen Staatsunternehmen Gaz de France, welches zugleich Alleinimporteur und Transportnetzbetreiber für Gas in Frankreich war und darüber hinaus einen erheblichen Teil der französischen Gasverteilung abdeckte. In den meisten europäischen Ländern gab es ebensolche Strukturen. Kommunale Versorgungsunternehmen nahmen die Verteilung wahr und schützten ihr Absatzgebiet über Demarkations- und Konzessionsverträge vor Wettbewerb. Vgl. *Stäcker* (2004), S. 8.

[170] Vgl. *Stäcker* (2004), S. 9.

[171] Quelle: leicht modifiziert übernommen von *E.On Ruhrgas AG* (2007a).

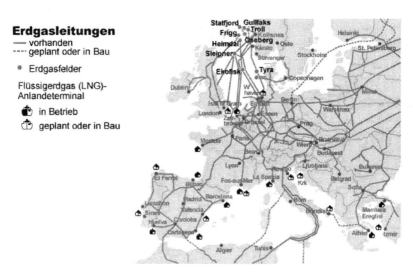

Abbildung 3.5: Europäisches Gasversorgungsnetz[171]

len Gaspreisen im Vergleich zu anderen Industrieländern mit liberalisierten Märkten, wie bspw. den USA.[172] So ist nun eine Behinderung der internationalen **Wettbewerbsfähigkeit** der EU außerhalb der Energiebranche festzustellen, die auf die dauerhaft hohen Energiepreise zurückzuführen ist. Dieser Sachverhalt, sowie die preisbedingte Zurückhaltung bei der Gasverstromung und beim Wechsel der privaten Haushalte zum umweltfreundlichen Energieträger Erdgas, veranlasste die Organe der EU die Etablierung von Wettbewerb anzustreben.[173]

3.5.2 Entstehung der Idee eines Energiebinnenmarktes

Die Europäische Kommission setzte 1986[174] folgende **Vorgaben** für die Energiewirtschaft: Erhöhung der Versorgungssicherheit, Förderung des freien Verkehrs von Erdgas zwischen den Mitgliedsstaaten, Verringerung der Abhängigkeit von Rohöl und Stärkung

---

[172] Vgl. *Klei* (2005), S. 680f.

[173] Vgl. *Klei* (2005), S. 681f.

[174] Den Ausgangspunkt für die Öffnung der europäischen Energiemärkte bildet bereits der Vertrag zur Gründung der Europäischen Wirtschaftsgemeinschaft von 1957, da die Artikel 85 und 86 horizontale und vertikale Abreden zwischen Unternehmen und marktbeherrschende Stellungen von einem oder mehreren Unternehmen verbieten, wenn dadurch der Handel zwischen den Mitgliedsstaaten beeinträchtigt wird.

der Wettbewerbsfähigkeit der europäischen Energiewirtschaft. Mit Blick auf die Öffnung der nationalen Erdgasmärkte wurde das Prinzip der **Wechselseitigkeit** betont, da ansonsten Drittstaaten, die einseitig ihre Märkte abschotten, von der Marktöffnung profitieren würden.[175] Später stellte man fest, dass eine Integration des europäischen Energiemarktes nur über einen intensivierten Wettbewerb und verstärkten Handel zwischen den Mitgliedsstaaten erreicht werden kann.[176] Die erste Stufe dazu begann 1991 mit der Verabschiedung der Transitrichtlinie Erdgas, die eine **Verhandlungspflicht** für die Durchleitung von fremdem Gas vorsah, um den Austausch zwischen großen Hochdruckgasleitungsnetzen der EG-Mitgliedsstaaten zu steigern. Dieser Prozess sollte die Versorgungsqualität nicht gefährden.[177] Die Richtlinie konnte allerdings keinen Vertragsabschluss erzwingen, so dass ihr Beitrag zu mehr Wettbewerb eher gering war.[178] Die **Richtlinie 98/30/EG** stellt die zweite Stufe der Verwirklichung des Energiebinnenmarktes dar und wurde 1998 verabschiedet. Bis heute bestimmt das damit beschlossene Regelwerk die wettbewerbliche Ausgestaltung der Gasmärkte für die EU. Die unterschiedlichen, historisch gewachsenen Strukturen der Mitgliedsstaaten erforderten – wie so oft – auch hier eine Kompromisslösung. Die Richtlinie ist somit kein komplettes und verbindliches neues Regelungswerk, sondern sie formuliert vielmehr Grundsätze, die in nationales Recht aufgenommen werden müssen. Durch die Rechtsetzungsform einer Richtlinie ist es möglich, auf die nationalen Befindlichkeiten Rücksicht zu nehmen.[179] Im Wesentlichen bezieht sich die Richtlinie auf die **Regelungselemente** zur Marktöffnung[180] – Organisation des Netzzugangs und das sogenannte unbundling – auf die im Folgenden näher eingegangen wird.

---

[175] Vgl. *Mestmäcker* (1990), S. 14f.

[176] Im Arbeitspapier von 1988 wurde ein Drei-Stufen-Konzept zur Verwirklichung des Binnenmarktes ausgearbeitet. In der ersten Stufe sollte mit der Verabschiedung einer Richtlinie zur Transparenz der Gaspreise und zum Transport von Gas über große Netze begonnen werden. Für die zweite Stufe war der Erlass einer Erdgasbinnenmarktrichtlinie vorgesehen und die dritte Stufe sollte die Anwendung der Richtlinie überprüfen. Mit der Angabe der maßgeblichen Ziele und Probleme der Schaffung eines gemeinsamen Energiebinnenmarktes stellt dieses Dokument der Europäischen Kommission das Geburtsdokument für die Schaffung von Wettbewerb auf dem europäischen Erdgasmarkt dar. Vgl. *Heilemann/Hillebrand* (2002), S. 34.

[177] Die noch heute gültige Richtlinie verpflichtete die EG-Mitliedsstaaten zum Erlass von Bestimmungen, die den Gastransit erleichtern. Sie begründet keine eigenständige Durchleitungspflicht und auch keinen freien Netzzugang, sondern lediglich die Verhandlungspflicht. Vgl. *Hosius* (2004), S. 56f.

[178] Allerdings forcierte sie das Tempo der Abschlüsse in Transitgeschäften, da nach 12-monatigen erfolglosen Verhandlungen ohne Ergebnis die zuständigen nationalen Behörden und die Kommission über die Gründe des Scheiterns zu informieren sind und ein Schlichtungsverfahren beantragt werden kann. Allerdings haben Entscheidungen der Schlichtungsstelle keine rechtlich bindende Wirkung. Vgl. *Hosius* (2004), S. 56f.

[179] Vgl. *Heilemann/Hillebrand* (2002), S. 34.

[180] Die Öffnung des Erdgasmarktes erfolgt in drei Phasen. Zu Beginn des Inkrafttretens der Richtlinie im August 2000 war eine Öffnung des Marktes von 20% des jährlichen Gesamtgasverbrauchs auf einem einzelstaatlichen Gasmarkt angepeilt. In der dritten Phase ab August 2008 werden Verbraucher ab 5 Mio.m^3 zugelassen, was zu einer Marktöffnung von 33% führen soll.

Exkurs 1: Möglichkeiten der Organisation des Netzzugangs

Der Netzzugang ist entscheidend für die freie Lieferantenwahl und eine der wichtigsten Voraussetzungen für effektiven Wettbewerb auf den Erdgasmärkten. Es wird bestimmt, dass der Netzinhaber sein Netz für Gaslieferungen gegen ein Entgelt zur Verfügung stellen muss. Die Variationsmöglichkeiten der konkreten Ausgestaltung für den Netzzugang sind jedoch relativ groß.[181] Es haben sich verschiedene Verfahren zur Bestimmung der Netznutzungsbedingungen herausgebildet. Eine Möglichkeit ist der **verhandelte Netzzugang**,[182] der auf US-amerikanischem antitrust-Recht basiert.[183] Er wurde innerhalb Europas einzig von Deutschland lange Zeit praktiziert.[184] Das andere Instrument der Netzzugangsregulierung ist der so genannte **regulierte Netzzugang**,[185] bei dem der Nutzungspreis, wie auch die anderen Konditionen, von vornherein für alle Marktteilnehmer von staatlicher Seite festgelegt werden (Ex-ante Regulierung). Diese Art des Netzzugangs entspricht damit dem Modell eines (preis-)regulierten Netzmonopols.[186] Kritiker befürchten hier eine zunehmende **Vereinnahmung** der Regulierungsinstanz durch die Interessen der regulierenden Branche. Diese könnte durch eine Rotation der Beamten verringert werden, durch die keine allzu große Interessensidentifikation mit den regulierten Branchen eintreten kann.[187]

Exkurs 2: Zur Notwendigkeit des unbundling

Das unbundling stellt eine Marktstrukturregulierung dar, die sich gegen eine bestehende **vertikale Konzentration** auf zwei oder mehreren verbundenen Märkten richtet.[188] Die Desintegrationsgrade werden in rechnerisch-buchhalterische, organisatorische, (ge-

---

[181] Vgl. *Schaub* (2001), S. 10.

[182] Beim verhandelten Netzzugang einigen sich Netzbetreiber und Netznutzer grundsätzlich privat über die jeweiligen Zugangskonditionen. Bei einem Disput kann die Kartellbehörde zur Entscheidung angerufen werden. Dieser Mechanismus wird als Ex-Post Regulierung bezeichnet. In Deutschland war es jahrelang so geregelt, dass die kartellrechtliche Missbrauchsaufsicht über marktbeherrschende Unternehmen weder zeitnah noch mit unmittelbarem Vollzug, sondern nur ex-post und bei Einlegung von Rechtsmitteln mit aufschiebender Wirkung einschreiten durfte. Daher kann mit dem Instrument des verhandelten Netzzugangs kein gleichermaßen symmetrischer Zugang von internen und externen Nutzern zu Netzen und anderen wesentlichen Einrichtungen verwirklicht werden. Vgl. *Schulze* (2004), S. 15 .

[183] Vgl. *Schulze* (2004), S. 14.

[184] Vgl. *Schaub* (2001), S. 12.

[185] Vgl. *Schaub* (2001), S. 12.

[186] Vgl. *Schulze* (2004), S. 16.

[187] Vgl. *Basedow* (2003), S. 18.

[188] Vgl. *Duijm* (2002), S. 22.

sellschafts-) rechtliche und eigentumsmäßige Trennung unterschieden. Die vorgelagerten Produktionsstufen werden upstream-Aktivitäten genannt (bspw. Produktion), die nachgelagerten downstream-Aktivitäten (bspw. Vertrieb). Diese Aktivitäten sollen je nach Desintegrationsgrad mehr oder weniger eigenständige Unternehmenseinheiten bilden.[189] Die Binnenmarktrichtlinie verpflichtet zu einer **buchhalterischen Entflechtung** von Unternehmensaktivitäten, um Diskriminierungen, Quersubventionierungen und Wettbewerbsverzerrungen, z.b. durch die Forderung überhöhter Durchleitungstarife oder die Ungleichbehandlung von Kunden bei Inanspruchnahme gleicher Dienstleistungen, zu verhindern,[190] da neben dem grundsätzlichen Anspruch auf Netzzugang natürlich die **Höhe der Netznutzungsentgelte** eine entscheidende Rolle spielt.[191] Im europäischen Erdgasmarkt existiert eine vertikale Integration, die eine flächendeckende Vergleichbarkeit der Nutzungsentgelte verhindert.[192] Durch das unbundling soll ermöglicht werden, die Kalkulation der Transport- und Verteilungsleistungen im Einzelnen zu überprüfen und Unternehmen miteinander zu vergleichen (benchmarking), um danach über Normvorgaben regulierend einzugreifen.[193]

3.5.3 Beschleunigungsrichtlinie Erdgas & EU-Netzzugangsverordnung

Die Binnenmarktrichtlinie von 1998 wurde aus Sicht der Europäischen Kommission in vielen Mitgliedsländern nur unzureichend umgesetzt.[194] Die **Beschleunigungsrichtlinie** 2003/55/EG sollte diese Defizite beheben. Darin wurden fünf substantielle Änderungen im Vergleich zur alten Richtlinie erhoben: So entfiel die Option eines verhandelten Netzzugangs – die Staaten mussten den regulierten Netzzugang einführen – und es wurde der zeitliche Rahmen für die Marktöffnung verkürzt. Außerdem musste das unbundling nun auch **gesellschaftsrechtlich** vollzogen werden. Weiterhin wurde freier Zugang zu den Speicheranlagen vorgesehen und eine Ausnahmeregelung für neue Infrastruktur eingeführt.[195] Ohne die Möglichkeit eines verhandelten Netzzuganges war nun die Einrichtung einer nationalen **Regulierungsbehörde** nötig. Der Zugang zu Speicheranlagen konnte allerdings weiterhin verhandelt oder auch reguliert erfolgen.[196] In 2005

---

[189] Vgl. *Schulze* (2004), S. 23.
[190] Vgl. *Flakowski* (2003), S. 44f.
[191] Vgl. *Bundeskartellamt* (2002), S. 20.
[192] Vgl. *Schaub* (2001), S. 13.
[193] Vgl. *Heilemann/Hillebrand* (2002), S. 35.
[194] Vgl. *Klag* (2003), S. 284ff.
[195] Bedingung hierfür war allerdings eine Verbesserung der Versorgungssicherheit.
[196] Vgl. *Stäcker* (2004), S. 10f.

Abbildung 3.6: Wesentliche Schritte der Liberalisierung in Europa[197]

wurde von den EU-Organen außerdem die Verordnung über die Bedingungen für den Zugang zu den Erdgasfernleitungsnetzen (**EU-Netzzugangsverordnung**) verabschiedet.[198] Unternehmen und Kunden können sich auf EU-Verordnungen direkt berufen, im Gegensatz zu EU-Richtlinien, die erst in nationales Recht umgesetzt werden müssen.[199] Die Verordnung umfasste Regeln zur Entgeltbestimmung, zu Dienstleistungen für den Netzzugang Dritter, zu Kapazitätszuweisungsmechanismen und Engpassmanagement sowie Transparenzanforderungen.[200] In der Verordnung wurden neben den Netzen der Ferngasgesellschaften auch regionale Leitungsnetze, hauptsächlich Hochdruckleitungen, angesprochen.[201] Als Ergebnis des bisherigen Liberalisierungsprozesses befinden sich die zuvor autonomen nationalen Teilsysteme der EU-Staaten nun in einem zunehmenden **Abhängigkeits- und Austauschverhältnis.**[202] Abbildung 3.6 fasst die wesentlichen Entwicklungen im Europäischen Liberalisierungsprozess zusammen.

3.5.4 Gashandelsplätze in Europa

Für den liberalisierten Gashandel von entscheidender Bedeutung ist die Entstehung von Gashandelspunkten mit hoher Liquidität. In Europa haben sich bisher drei wesentliche

---

[197] Quelle: Eigene Darstellung.
[198] Vgl. *Dörband* (2005), S. 8.
[199] Vgl. *Hohaus/Ronnacker* (2005), S. 5.
[200] Vgl. *Hohaus/Ronnacker* (2005), S. 5.
[201] Vgl. *Dörband* (2005), S. 9.
[202] Vgl. *Klei* (2005), S. 681.

Gashandelspunkte etabliert, während sich eine Reihe weiterer Handelspunkte im Aufbau befindet.[203] In Großbritannien existiert ein freier Gas-zu-Gas-Wettbewerb, bei dem Angebot und Nachfrage den Preis bestimmen.[204] Der **National Balancing Point** (NBP) ist ein fiktiver Punkt im Netz des britischen Gasnetzbetreibers Transco. Hier findet Handel per paper trades statt, d.h. ein physischer Austausch ist erst möglich, wenn ein Übergabepunkt festgelegt wird, an dem das Gas den NBP verlässt.[205] Gashändler exponierter Stromkonzerne handeln hier – wie auch ansatzweise auf dem niederländischen **TTF-Hub**[206] und dem dritten wichtigen Handelspunkt, dem belgischen **Zeebrugge-Hub** – sowohl am Kassamarkt (day-ahead-Lieferungen), als auch im mehrjährigen Terminmarkt. Darüber hinaus schließen die Akteure ihre Gasgeschäfte im **OTC-Brokermarkt** ab.[207] Die International Petroleum Exchange (IPE) in London gilt als prominentester **Börsenplatz** für den europäischen Gashandel.[208] Der Gashandel in Deutschland hinkt den Entwicklungen in anderen europäischen Ländern hinterher. Trotzdem weisen lokale Gashandelspunkte, wie BEB-VP, E.ON GT-VPs und Gaz de France VP hohe Wachstumsraten auf.[209] Der französische Handelspunkt **PEG** wird, genau wie der italienische **PSV**, als sich entwickelnder Punkt bezeichnet. Neben den deutschen Handelspunkten befinden sich auch der spanische CDG und der österreichische Hub Baumgarten (CEGH) im frühesten Entwicklungsstadium.[210] Die Abbildung 3.7 gibt einen Überblick über die für Deutschland interessanten Handelspunkte. Der Börsenrat der European Energy Exchange AG (EEX) mit Sitz in Leipzig äußerte den Wunsch, einen Gashandel an der **Leipziger Börse** einzuführen. Dazu werden derzeit die Chancen und Risiken eines solchen Projektes analysiert.[212] Zwei weitere Handelspunkte – **Bunde** und **Emden** liegen an der deutsch-niederländischen Grenze. Die in der Abbildung erkennbaren Pipelines aus den Gasfeldern der Nordsee werden von norwegischen Unternehmen betrieben, auf deutscher Seite von Statoil, Norsk Hydro, Ruhrgas und BEB (NETRA), auf holländischer Seite von Gasunie. Der bereits erwähnte Handelspunkt **Baumgarten** liegt in Österreich nahe der slowakischen Grenze. In Österreich stehen Speicherkapazitäten zur Verfügung,

---

[203] Vgl. *Haus und Grund Deutschland - Zentralverband der Deutschen Haus-, Wohnungs- und Grundeigentümer e.V.* (2007), S. 57.

[204] Vgl. *Powernews* (2006a), S. 1.

[205] Vgl. *Powernews* (2006a), S. 1.

[206] Die holländischen Netzbetreiber entwickelten die Title Transfer Facility, einen virtuellen Hub, der aus einer einzigen Handelszone besteht.

[207] Vgl. *Rahn/Reiss/Schütze* (2005), Rn. 84.

[208] Vgl. *Powernews* (2006a), S. 1.

[209] Vgl. *Haus und Grund Deutschland - Zentralverband der Deutschen Haus-, Wohnungs- und Grundeigentümer e.V.* (2007), S. 57.

[210] Vgl. *Haus und Grund Deutschland - Zentralverband der Deutschen Haus-, Wohnungs- und Grundeigentümer e.V.* (2007), S. 57.

[211] Quelle: Leicht modifiziert übernommen von *BME Akademie GmbH* (2007), S. 11.

[212] Vgl. *Powernews* (2006a), S. 1.

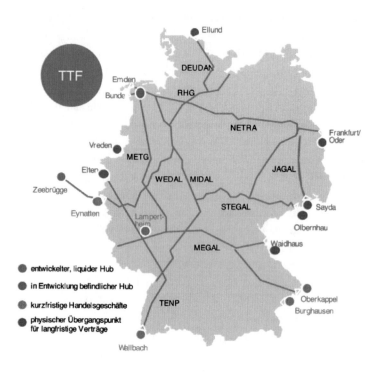

Abbildung 3.7: Für Deutschland relevante Handelsplätze[211]

die über die Bedürfnisse der dortigen Gaswirtschaft hinausgehen.[213] Das Netz wird von der OMV betrieben, die dafür eine Betriebsgesellschaft – Gas Hub Baumgarten GmbH – gegründet hat. Neben Waidhaus, Sayda/Olbernhau und Mallnow gehört Baumgarten zu den wichtigsten Exportterminals für russisches bzw. GUS-Erdgas in die Europäische Union. Die E.On Ruhrgas betreibt seit Oktober 2006 im Marktgebiet H-Nord[214] eine **Handelsplattform**. In dieser Zone sind mehrere Importeure aktiv und es treffen wichtige Gasströme aus Norwegen, Dänemark, den Niederlanden, Deutschland und zukünftig auch Russland zusammen. Zweck der Handelsplattform ist es, als Anschubhilfe für den deutschen Gashandel zu fungieren. Im Internet werden Gasmengen für den nächsten

---

[213] Vgl. *Powernews* (2007), S. 1.

[214] Erdgas der Gruppe H (kurz H-Gas, auch high-gas) kommt meistens aus den GUS-Staaten und aus der Nordsee der Erdgasfelder von Norwegen, Niederlande und Dänemark. L-Gas (low-gas) ist die Bezeichnung für Erdgas mit geringerem Methangehalt, wobei der Stickstoff- und Kohlendioxid-Anteil etwas höher liegt als bei H-Gas. Vgl. *Gibgas*, S. 1.

Tag gehandelt.[215] Die Mengen der für Deutschland relevanten Handelspunkte (Zeebrügge, Bunde und Baumgarten) sind im Vergleich zum gesamten deutschen Gasaufkommen sehr gering.[216] Um zu verdeutlichen, wie weit Deutschland noch von einem reinen Gas-zu-Gas-Wettbewerb entfernt ist, kann ein **Vergleich** mit Großbritannien herangezogen werden, wo an den Börsen in großem Umfang kurzfristiger Gashandel betrieben wird. Dort stammen 90% des nationalen Erdgasverbrauchs aus eigener Produktion und es existieren im Gegensatz zu Deutschland nur wenige Gasnetze.

3.6 Umsetzung der europäischen Richtlinien in Deutschland

3.6.1 Verbändevereinbarungen der Gaswirtschaft

Bei der Umsetzung vom eben erläuterten europäischen in nationales Recht wurde in Deutschland nicht zwischen den Energieträgern Strom und Gas unterschieden. Beide Energiemärkte überführte man mit dem sogenannten **Gesetz zur Neuregelung des Energiewirtschaftsrechts** (EnWG) 1998 in den Wettbewerb. Dieses Gesetz basierte stark auf den Vorgaben der Elektrizitätsrichtlinie und weniger auf jenen der Binnenmarktrichtlinie Erdgas von 1998. Die fünf Artikel des Gesetzes regelten das deutsche Energiewirtschaftsgesetz aus dem Jahre 1935 neu.[217] Folgende Grundsätze wurden durch die erste Neuregelung des EnWG in der Gaswirtschaft bestimmt:

- Die – zumindest theoretisch – vollständige **Beseitigung** der bisherigen geschlossenen Versorgungsgebiete. Neben Deutschland haben nur Großbritannien und Österreich die Gasmärkte zu 100% geöffnet.[218]

- Die ersatzlose **Streichung** der Möglichkeit, Demarkations- und exklusive Konzessionsverträge abzuschließen.[219]

- Der **Verzicht** auf die Einrichtung einer sektorspezifischen Regulierungsbehörde. Stattdessen Aufforderung der Gasverbraucher und Gaserzeuger, über die Bestim-

---

[215] Vgl. *Powernews* (2006b), S. 1.
[216] Vgl. *E.On Ruhrgas AG* (2006b), S. 24.
[217] Vgl. *Heilemann/Hillebrand* (2002), S. 35.
[218] Vgl. *Bundeskartellamt* (2002), S. 8.
[219] Vgl. *Bundeskartellamt* (2002), S. 8.

mungen und Modalitäten des Netzzugangs zu verhandeln. Dies berücksichtigte die korporatistische Tradition des deutschen Energiemarktes. Als Instrument wurde sogenannte Verbändevereinbarungen[220] vorgesehen.[221]

- Die **Missbrauchsaufsichtspflicht**, vor allem hinsichtlich der netzbetreibenden Gebietsmonopolisten, obliegt den Kartellbehörden, d.h. dem Bundeskartellamt und den Landeskartellbehörden, die allgemeines Kartellrecht anwenden.[222]

Da das Gesetz keine konkreten Vorgaben für Zugang zu Gasnetzen oder Durchleitungsgebühren enthält, sollten diese Sachverhalte von der Industrie selbst verhandelt werden.[223] Nach **Verhandlungen** der Anbieter- und Nachfragerseite[224] wurde Mitte 2000 die Verbändevereinbarung Gas (VV Gas) unterzeichnet. Da sie nur allgemeine Rahmenbedingunen abdeckte, musste man der Vereinbarung im Anhang eine Liste mit noch zu verhandelnden Themen beigegeben.[225] Nachdem weitere Verhandlungen vor allem das Durchleitungspreissystem, das Engpassmanagement und den Speicherzugang nicht regeln konnten, wurde 2002 eine völlig neue Verbändevereinbarung (**VV Gas II**) unterzeichnet,[226] die die Unternehmen der Ferngasstufe zur Anwendung eines einheitlichen **Entgeltsystems** verpflichtete.[227] Auf Endverteilerebene beschloss man einen Leitfaden zur kostenbasierten Kalkulation von Netznutzungsentgelten. Das nächste Ziel der Verbände war eine Einigung bezüglich eines **transaktionsunabhängigen** Netzzugangsmodells im Transportbereich. Während BDI und VIK ein sogenanntes Entry-Exit-Modell[228] mit wenigen netzübergreifenden Regelzonen forderten, lehnten die Verbände der Gaswirtschaft diesen Modellansatz ab, da sie eine technische Umsetzbarkeit aufgrund physischer Engässe – z.B. durch unterschiedliche Gasbeschaffenheiten – ausschlossen. Somit wurden die Verhandlungen über eine dritte Verbändevereinbarung im Frühjahr 2003

---

[220] Vereinbarungen zwischen den wirtschaftlichen Verbänden der Gasanbieter- und Gasnachfragerseite.

[221] Vgl. *Heilemann/Hillebrand* (2002), S. 36.

[222] Vgl. *Bundeskartellamt* (2002), S. 8.

[223] Vgl. *Niederprüm/Pickhardt* (2002), S. 242.

[224] Dazu gehörten der Bundesverband der Deutschen Industrie (BDI), der Verband der Industriellen Energie- und Kraftwirtschaft e.V. (VIK) für die Nachfragerseite; Bundesverband der Deutschen Gas- und Wasserwirtschaft (BGW) und Verband kommunaler Unternehmen (VKU) auf der Anbieterseite. Vgl. *Binde* (2001, S.54).

[225] Vgl. *Binde* (2001), S. 55.

[226] Vgl. *Niederprüm/Pickhardt* (2002), S. 242.

[227] Indem ihre Streckenabschnitte unterteilt und Transportentgelte nach einer festgelegten Punktzahl je Streckenabschnitt entrichtet wurden. Vgl. *Bundesverband der deutschen Gas- und Wasserwirtschaft e.V.* (2002), S. 12ff.

[228] Das in etwa der Hälfte der EU-Mitgliedsländer eingesetzte Entry-Exit-Modell koppelt das Transportentgelt unabhängig vom physischen Transportweg nur an Ein- und Ausspeisepunkte. Vgl. *Majer/ von Andrian/Betermieux* (2006), S. 13.

abgebrochen.[229]

3.6.2 Kritik am deutschen Sonderweg

Mit dem Gesetz zur Neuregelung des Energiewirtschaftsrechts war der ordnungspolitische Rahmen für die Energiewirtschaft mit dem Ziel festgelegt, bisherige Monopole aufzuweichen und eine Marktstruktur zu kreieren, die effektiven brancheninternen Wettbewerb ermöglicht. Rückblickend ist das Gesetz jedoch als dafür **unzureichend** zu beurteilen. Es setzte im Wesentlichen die Bestimmungen und Vorgaben der Elektrizitätsbinnenmarktrichtlinie um, da die Erdgasbinnenmarktrichtlinie erst später verabschiedet wurde und dem deutschen Gesetzgeber so nur verbindliche europarechtliche Regelungen zum Elektrizitätsbinnemarkt vorlagen. Die Regelungen der Gasrichtlinie sollten dann im Wege einer Novellierung des Neuregelungsgesetzes in das EnWG aufgenommen werden.[230] Die Vereinbarungen unterstützten nur teilweise die Entwicklung marktorientierter Preise, da sie durch die **pfadbasierte Preisbildungsmethode** Übertragungen über weite Distanzen verteuert. Dies hätte evtl. die Entstehung regionaler Quasimonopole zu Folge gehabt.[231] Der Anhang 5 diskriminierte überdies klar Marktneulinge, da er dem Netzbetreiber die erforderliche Kapazität sicherte und keinen Anreiz bot, durch Investitionen in das Leitungsnetz **fehlende Kapazitäten** auszugleichen.[232] Außerdem ergab sich die Möglichkeit, dass Netzbetreiber überschüssige Kapazitäten einzig aus dem Grund füllen, um Marktneulingen den Zutritt zu verweigern.[233] Mit Hilfe der Verbändevereinbarungen haben der VIK und die Erdgaswirtschaft Netzzugangsmodelle und weitere Ausgestaltungsmerkmale für den Erdgasmarkt festgelegt. Problematisch ist dabei hauptsächlich, dass weder die **Monopolstellung** der Netzbetreiber durch Verhandlung eingeschränkt werden kann, noch die Beteiligten einmal erzielte Verhandlungsergebnisse rechtssicher gestalten dürfen.[234] Gemäß der Europäischen Kommission müssen aus den Gemeinschaftsvorgaben aber einklagbare Gesetze geschaffen werden. Weiterhin befand die Kommission die Vorgaben für die **Entflechtung** der vertikal integrierten Gasunternehmen als nicht weitgehend genug.[235] Somit war die Diskriminierung von Drittunternehmen, wie auch die interne Quersubventionierung durch Verschiebung von Gemeinkosten aus den wettbe-

---

[229] Vgl. *Schiffer* (2005), S. 169ff.
[230] Vgl. *Hosius* (2004), S. 67.
[231] Vgl. zur Erläuterung der volkswirtschaftlichen Gründe dazu *Niederprüm/Pickhardt* (2002), S. 248.
[232] Vgl. *Niederprüm/Pickhardt* (2002), S. 248f.
[233] Vgl. *Madden/White* (2001), S. 44.
[234] Vgl. *von Hirschhausen/Becker* (2006), S. 11.
[235] Vgl. *Hosius* (2004), S. 78.

werblichen Bereichen in den Netzbereich, möglich. Das führte zu tendenziell überhöhten Netznutzungstarifen, vor allem für Haushalte.[236] Das Urteil der Kommission fiel zusammenfassend negativ aus. Das **deutsche Modell** wurde als unzureichend für einen diskriminierungsfreien und fairen Zugang neuer Anbieter auf dem Gasmarkt eingestuft.[237] Durch die Verbändevereinbarungen konnte keine ausreichende wettbewerbliche Öffnung des Gasmarktes erreicht werden. Die Marktstrukturen sind nahezu unverändert geblieben, da u.a. neue Anbieter kaum neue Industriekunden und Großabnehmer gewinnen konnten und für private Haushalte und Kleinverbraucher praktisch kein Versorgerwechsel möglich war. Aus dem Scheitern der Verbändevereinbarungen wurde deutlich, dass ein **einheitliches Regulierungsdesign** unumstößlich nötig ist.[238]

3.6.3 Vom verhandelten zum regulierten Netzzugang

Mit dem **Zweiten Gesetz zur Neuregelung des Energiewirtschaftsrechts** aus 2005 konnten die rechtlichen Rahmenbedingungen in Deutschland von Grunde auf geändert werden. Gleichzeitig wurden die Netzzugangs- und Netzentgeltverordnungen Strom und Gas novelliert. Dies war die Anpassung des deutschen Rechts an die europäische Beschleunigungsrichtlinie 2003/55/EG.[239] Mit dem Paradigmenwechsel vom verhandelten zum regulierten Netzzugang nach den §§ 11-35 EnWG fand die Einführung eines **Ex-ante-Regulierungssystems** für die Strom- und Gasnetze statt.[240] Gleichzeitig schuf man die Arbeitsgrundlage für eine neue Regulierungsbehörde.[241] Diese wurde in die bestehende Regulierungsbehörde für Post und Telekommunikation eingegliedert, die jetzt **Bundesnetzagentur** für Elektrizität, Gas, Telekommunikation, Post und Eisenbahnen (BNetzA) heißt.[242] Die Regulierungstätigkeit ist zwischen Bund und Ländern aufgeteilt, wobei auf Bundesebene die BNetzA,[243] auf Länderebene eine Landesregulierungsbehörde

---

[236] Vgl. *von Hirschhausen/Becker* (2006), S. 11.

[237] Vgl. *Hosius* (2004), S. 77f.

[238] Vgl. *Hense* (2005), S. 6.

[239] Vgl. *Eutech Energie und Management GmbH* (2005), S. 1.

[240] Vgl. *Bundesnetzagentur* (2006b), S. 1.

[241] Vgl. *Eutech Energie und Management GmbH* (2005), S. 2.

[242] Vgl. *von Hirschhausen/Becker* (2006), S. 13.

[243] Die BNetzA ist zuständig für Übertragungs- und Fernleitungsnetze, sowie für Verteilernetze, die sich über mindestens eine Grenze eines Bundeslandes erstecken. Außerdem ist sie für alle Fälle zuständig, die nicht ausdrücklich einer anderen Behörde zugewiesen sind. Sie ist gemäß § 54 EnWG allgemeine Vollzugsbehörde des Energiewirtschaftsgesetzes. Den Ländern sind direkt zugewiesen die Entgeltregulierung (§§ 23a, 21a EnWG), die besondere Missbrauchsaufsicht (§§ 6 - 10 EnWG), die Überwachung der Vorschriften zum Netzanschluss (§§ 17 - 19 EnWG) und die Überwachung der Vorschriften zur Systemverantwortung der Verteilnetzbetreiber und der Gasfernleitungsnetzbetreiber (§§ 14 - 16a EnWG). Vgl. *Bundesministerium für Wirtschaft und Arbeit* (2003), S.4.

tätig ist.[244] Die BNetzA kontrolliert die Netzentgelte der Strom- und Gasnetzbetreiber. Diese müssen ihre Tarife für die Energiedurchleitung der Bundesnetzagentur zur **Genehmigung** vorlegen. Die Agentur überprüft, ob die Betreiber ihre Entgelte auf Basis der Vorgaben für die Kalkulation der Netzkosten korrekt berechnet haben.[245] Außerdem ist sie auch für die **Entflechtung** der Betreiber von Übertragungs- und Verteilnetzen, für Gewährleistung eines reibungslosen Versorgerwechsels, Streitbeilegung sowie **Transparenz** von Marktdaten verantwortlich.[246] Zur besseren Koordinierung der Aufgaben der Bundesnetzagentur und der Landesregulierungsbehörden wurde ein Länderausschuss eingesetzt, der auch für ein einheitliches Regulierungssystem sorgen sollte. Letztendlich soll durch das neue EnWG die Kontrolle der Wettbewerbsaufsicht über die Leitungsnetzbetreiber verschärft und die **Liberalisierung des Netzzugangs** verstärkt werden.[247] Regelungen zur Bestimmung der Höhe des Netzentgeltes, welche Dritte zur Nutzung der Gasnetze zahlen müssen, enthält die Netzentgeltverordnung Gas. In der Zukunft sollen sich die Netzentgelte nicht nach den Kosten des Unternehmens, sondern an den effizienten strukturell vergleichbaren Unternehmen orientieren und von der Bundesnetzagentur mit Hilfe eines **Vergleichsverfahrens** vorgegeben werden.[248] Dieses anreizkompatible Konzept soll 2008 in Kraft treten. Durch diese Maßnahmen wird der deutsche Sonderweg

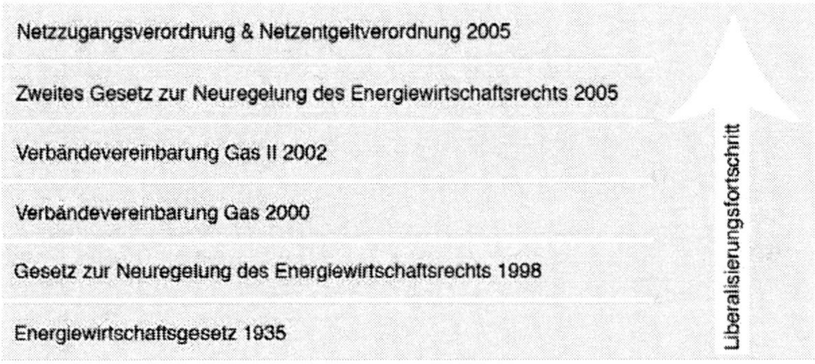

Netzzugangsverordnung & Netzentgeltverordnung 2005

Zweites Gesetz zur Neuregelung des Energiewirtschaftsrechts 2005

Verbändevereinbarung Gas II 2002

Verbändevereinbarung Gas 2000

Gesetz zur Neuregelung des Energiewirtschaftsrechts 1998

Energiewirtschaftsgesetz 1935

Liberalisierungsfortschritt

Abbildung 3.8: Gesetzgeberische Rahmenbedingungen in Deutschland[249]

der Selbstregulierung mittels Verbändevereinbarungen beendet.[250] Diese Regulierungs-

---

[244] Vgl. *Bundesministerium für Wirtschaft und Arbeit* (2003), S. 3.
[245] Vgl. *Eutech Energie und Management GmbH* (2005), S. 2.
[246] Vgl. *von Hirschhausen/Becker* (2006), S. 13.
[247] Vgl. *Eutech Energie und Management GmbH* (2005), S. 1.
[248] Vgl. *Kurth* (2005), S. 3.
[249] Quelle: Eigene Darstellung.
[250] Vgl. *Hense* (2005), S. 1.

maßnahmen beziehen sich allerdings nur auf die Gasleitung, nicht auf Bereiche, wie Gasvertrieb, -beschaffung und -gewinnung.[251] Zusammenfassend zeigt Abbildung 3.8 die Entwicklung der Rahmenbedingungen für die Liberalisierung in Deutschland.

3.6.4 Aktuelle Probleme der langfristigen Gaslieferverträge

Auf allen Marktstufen sind in Deutschland langfristige Gaslieferverträge zu finden, die einen Großteil des Marktes vor wirksamen Wettbewerb schützen.[252] Diese Verträge sind historisch bedingt. Ihre Rechtfertigung liegt im Schutz vor dem **Investitionsrisiko** der enorm hohen Ausgaben für Pipelines und Gasförderungsanlagen und die damit verbundenen langen Amortisationszeiten.[253] So finden neue Wettbewerber auf der Beschaffungsseite keine freien Mengen und neue Gasanbieter keine Kunden auf der Absatzseite.[254] Stadtwerke werden durch Langfristverträge häufig 10-15 Jahre – weilweise bis 25 Jahre – an eine Ferngasgesellschaft gebunden. Damit verhindert man auch eine Steigerung der Versorgungssicherheit durch zusätzliches Erdgasangebot von Marktneulingen.[255] Die deutschen Stadtwerke haben gegen diese Situation zivilrechtliche Klage eingereicht. Vom Bundeskartellamt wurde ein Verfahren gegen 15 Ferngasgesellschaften eröffnet, um eine Verschäfung des Wettbewerbs zu erreichen.[256] Das Bundeskartellamt geht in seiner **kartellrechtlichen Beurteilung** davon aus, dass Gaslieferverträge als unzulässig zu beurteilen sind, wenn sie eine Bedarfsdeckung von 80% und mehr als zwei Jahre laufen oder mindestens 50% und vier Jahre Laufzeit aufweisen. Eine Ausnahme bilden nur umfangreiche vertragsspezifische Investitionen auf Abnehmer- und Lieferantenseite. Ansonsten ist von den strengen Unzulässigkeitskriterien für langfristige Gaslieferverträge Gebrauch zu machen.[257]

3.6.5 Zwischenfazit zu den Liberalisierungsbemühungen

Bisher konnten die aufgezeigten Bemühungen um eine Liberalisierung hinsichtlich der Wettbewerbsintensität kaum Erfolge verbuchen. Regelmäßig werden erzielte Resultate,

---

[251] Vgl. *von Rössing* (2005), S. 58f.
[252] Vgl. *Bundeskartellamt* (2002), S. 28.
[253] Vgl. *OECD* (2002), S. 72.
[254] Vgl. *Bundeskartellamt* (2002), S. 28.
[255] Vgl. *Böge* (2005), S. 1099.
[256] Vgl. *Böge* (2005), S. 1099.
[257] Vgl. *Ehricke/Pellmann* (2005), S. 1105.

insbesondere der **fehlende Wettbewerb**, in den Benchmarkingberichten der Europäischen Kommission kritisiert.[258] Im Besonderen wird hingewiesen auf den europaweit ungleichen Stand der Marktöffnung, mangelnde Transparenz bezüglich der Verfügbarkeit von Infrastrukturkapazitäten, unangemessene Tarifstrukturen, schleppende Herausbildung von Gashandelszentren (Hubs) und unnötig starre Ausgleichsregelungen. Zudem ist die **Integration des Erdgasmarktes** europaweit kaum fortgeschritten, da die Höhe der Netznutzungsentgelte stark zwischen den einzelnen Mitgliedsländern variiert. Auch bei den Erdgaspreisen für industrielle Großkunden bestehen erhebliche Unterschiede, was ein eindeutiges Indiz für einen geringen Integrationsgrad darstellt.[259] Das beherzte Vorgehen gegen langfristige Gasliefeverträge ist ein wichtiger Schritt zur Wettbewerbsschaffung. Nicht nur in Deutschland ist diese Langfristbindung eine der Haupthindernisse für einen funktionierenden Wettbewerb. Eine schnelle und kompromisslose Umsetzung des europäischen Wettbewerbsrechts ist eine wichtige Voraussetzung für die Liberalisierung der Gasmärkte Europas. Da die europäische Erdgaswirtschaft bei der Liberalisierung von Netzwerkindustrien als Nachzügler bezeichnet werden kann, ist der Veränderungsprozess besonders grundlegend, strukturell und institutionell.[260] Mittlerweile wurde allen EU-Mitgliedstaaten durch die Europäische Kommission ein rechtlicher Rahmen und eine klare Perspektive für eine wettbewerbliche Erdgaswirtschaft gegeben. Nach jahrzehntelanger Verfolgung des deutschen Sonderwegs konnten durch das neue Energiewirtschaftsgesetz die Voraussetzungen für einen **Paradigmenwechsel** geschaffen werden. Die Durchsetzungsfähigkeit und Effizienz der Bundesnetzagentur wird sich erst in ein paar Jahren beurteilen lassen, genauso wie die Zusammenarbeit zwischen Bundesnetzagentur und Bundeskartellamt.[261] Des Weiteren braucht es einen Markt für Ausgleichsenergie und die Öffnung des Speicherzugangs. Eine weitere Aufgabe der Bundesnetzagentur ist die Bestimmung und Festlegung von effizienzorientierten Netzzugangspreisen, um bei den Transport- und Verteilerunternehmen einen Benchmarkprozess auszulösen. Dazu müssen systematisch Daten anhand von Strukturmerkmalen erfasst werden.[262] Im folgenden Abschnitt 3.6.6 soll zur Verdeutlichung effizienter Netzzugangspreise ein grober Vergleich zwischen der Gaspreisbildung und der tatsächlicher Kostenstruktur gezogen werden.

---

[258] Vgl. *von Hirschhausen/Becker* (2006), S. 19f.
[259] Vgl. *von Hirschhausen/Becker* (2006), S. 9.
[260] Vgl. *von Hirschhausen/Becker* (2006), S. 14.
[261] Vgl. *von Hirschhausen/Becker* (2006), S. 12.
[262] Vgl. *von Hirschhausen/Becker* (2006), S. 12f.

3.6.6 Gaspreisbildung und tatsächliche Kostenstruktur in Deutschland

Gaspreisbildung nach dem Anlegbarkeitsprinzip

Die Gaspreise orientieren sich in Deutschland an der **Zahlungsbereitschaft** der jeweiligen Endverbrauchergruppe. Damit richtet sich die Preisbildung danach, was die Verbraucher für alternative Energieträger ausgeben würden. Diese Orientierung an Substitutionsenergien bezeichnet man als Anlegbarkeitsprinzip. Früher war der Gaspreis an den Preis schweren Heizöls gebunden.[263] In erster Linie ist die Ölpreisbildung historisch begründet, denn der Erdgasmarkt entwickelte sich später als der Markt für Erdöl. Als sich in den 1960er Jahren **Erdgas als Nebenprodukt** der Erdölförderung fördern lies, legten die Erdölgesellschaften den Preis so fest, dass ihr Basisprodukt nicht in eine Konkurrenzsituation geriet.[264] Mittlerweile hat sich die Förderung von Erdöl und Erdgas getrennt.[265] Daher gelten nun Versorgungssicherheit und langfristige Lieferverträge als **Rechtfertigung** für die Ölpreisbindung. Allerdings werden importabhängige Länder – wie Deutschland – so auch vor der Marktmacht der ausländischen Erdgasproduzenten geschützt. Erdgas ist vielseitig einsetzbar und in praktisch allen Einsatzgebieten durch Substitutionsgüter ersetzbar. Daher wird durch eine Koppelung an andere Energieträger – als positiver Aspekt – auch die **Wettbewerbsfähigkeit des Erdgases** gewahrt.[266] Im Haushalts- und Kleinverbrauchermarkt konkurriert vor allem leichtes Heizöl zum Gas. Im Kraftwerkssektor ist es meist Braun- und Steinkohle. Insgesamt ist der Heizölpreis der bedeutendste Referenzpreis für Erdgas.[267] Dieser Mechanismus verhindert aber natürlich eine Gaspreisbildung in Abhängigkeit von **Angebot und Nachfrage**.[268] In Nordamerika und Großbritannien, die in der Liberalisierung am weitesten fortgeschritten sind, ist die Preisbildung auf Basis von Angebot und Nachfrage bereits auf einem guten Weg. Die dort existierenden Gasversorgungsunternehmen stehen bis zur Endverteilungsstufe in einem intensiven Gas-zu-Gas-Wettbewerb. Das führt dazu, dass nun nicht mehr die Zahlungsbereitschaft, sondern die **Grenzkosten** der Gasbereitstellung eine maßgebliche Rolle spielen. Daneben bleibt jedoch auch die Substitution anderer Energieträger

---

[263] Vgl. *Winje/Witt* (1991), S. 171.
[264] Vgl. *Däuper/Hartmann* (2003), S. 40f.
[265] Die größten Erdölstaaten sind Saudi-Arabien, Iran und Kuweit, die Erdgasregionen sind die USA und Russland.
[266] Vgl. *Klag* (2003), S. 127f.
[267] Vgl. *Däuper/Hartmann* (2003), S. 4.
[268] Vgl. *Winje/Witt* (1991), S. 19f.

relevant und begrenzt den Gaspreis.[269]

Die Kosten der Gasversorgung

Um die Grenzkosten der Gasbereitstellung zu verdeutlichen, sollen nun kurz die tatsächlichen Kosten der Gasversorgung beschrieben werden. Man kann zwischen Kapitalkosten (Investitionskosten) und Betriebskosten unterscheiden, die in den Breichen Produktion, Transport, Speicherung und Verteilung anfallen. Aufgrund der Leitungsgebundenheit von Gas ist der Kapitalkostenanteil relativ hoch. Betriebskosten werden u.a. durch Verwaltung und Wartung verursacht. Aufgrund der überwiegenden Unabhängigkeit beider Kostenfaktoren von der Gasmenge, kann in der Gasversorgungskette größtenteils von **fixen Kosten** ausgegangen werden.[270] In der Produktion fallen Kosten hauptsächlich für die Errichtung von Förderschächten, von Förderanlagen an der Erdoberfläche und von Aufbereitungsanlagen an. Außerdem zählen die Aufwendungen für die Exploration in den Produktionsbereich.[271] Neben den Rohrverlegungskosten fallen weitere transportbedingte Investitionen u.a. für Mischanlagen, Regler- und Verdichterstationen an.[272] Zu den Betriebskosten zählen Aufwendungen für die Qualitätssicherung der Gasbeschaffenheit, für die Drucksteuerung, für Wartung oder für Verwaltungsaufgaben, wie z.B. die Kostenermittlung.[273] Bei Offshore-Pipelines hängt die Kostenstruktur stark von der zu überbrückenden Entfernung und von der Wassertiefe ab. LNG-Tankerschiffe können verwendet werden, falls zu große Wassertiefen bzw. Entfernungen technisch nicht realisierbar oder wirtschaftlich unrentabel sind. Dann sind in die Berechnung Kosten für Tanker und Verflüssigungs- und Wiederverdampfungsanlagen einzubeziehen. Die jährlichen Betriebskosten einer LNG-Kette betragen durchschnittlich 20% der Investitionskosten.[274] Speicheraufwendungen bestehen überwiegend aus fixen Kosten, die im Wesentlichen von der Höhe der Kapitalkosten, die mit steigender Speichergröße ansteigen, abhängen. Bei der Erdgasverteilung kommen neben den aufgezeigten Kosten für Rohrleitungen usw. jene Kosten für u.a. Übernahmestationen, Odorierunganlagen und Hausanschlüsse hinzu.[275] Der Endverbraucher wird meist mit bis zu 70% an den direkt auf ihn zurordnungsbaren Kosten für die Erstellung oder Verstärkung von Verteilungsanlagen beteiligt. Die

---

[269] Vgl. *Schiffer* (2005), S. 299.
[270] Vgl. *Winje/Witt* (1991), S. 170.
[271] Vgl. *Perner* (2002), S. 110.
[272] Vgl. *Winje/Witt* (1991), S. 170.
[273] Vgl. *Püstow* (2004), S. 168.
[274] Vgl. *Mischner* (2004), S. 235f.
[275] Vgl. *Winje/Witt* (1991), S. 170.

Gashausanschlusskosten können in vollem Umfang auf ihn umgelegt werden.[276]

3.7 Auswirkungen der Liberalisierung

3.7.1 Anpassung der Unternehmensstrukturen

Wie beschrieben, gilt für Verteilunternehmen seit dem 1. Juli 2007 das gesellschaftsrechtliche **unbundling**, bei dem für Netzbetrieb und Vertrieb gesellschaftsrechtlich eigenständige Unternehmen gegründet werden müssen. Die sogenannte De-minimis-Regel, die auch für das operationelle unbundling gilt, schließt von diesem Zwang Unternehmen aus, die weniger als 100.000 Kunden haben und nicht mehrheitlich im Besitz eines anderen Versorgungsunternehmens sind.[277] Um die Vorschriften des unbundling umzusetzen, sind verschiedene Möglichkeiten vorstellbar. Beispielsweise kann der Netz- oder Vertriebsbereich ausgegliedert werden. Eine andere Möglichkeite wäre es, separate Serviceprozesse für Netz und Vertrieb zu etablieren, z.B. in ausgelagerten shared service centers.[278] Da dieses jedoch gesetzlich nicht vorgeschrieben ist, kann der **Netzbetreiber** weiterhin z.B. als Tochtergesellschaft des Vertriebsunternehmens tätig sein.[279] Durch die geforderten Mitteilungs-, Berichts-, Genehmigungs- und Veröffentlichungspflichten kommt auf die Erdgasversorgungsunternehmen eine zusätzliche Belastung ebenso zu, wie durch das Koordinations- und Vertragsmanagement mit Wettbewerben und Transportkunden. Zusätzliche IT-Systeme und eventuell neue Mitarbeiter werden durch das höhere Datenaufkommen und durch die umfangreicheren **Koordinationstätigkeiten** benötigt.[280] Andererseits können durch Effizienzanreize Rationalisierungspotentiale freigesetzt werden, die auch das Personalwesen betreffen.[281] Es könnte ein völlig neues Regulierungsmanagement eingeführt werden, das die Zusammenarbeit mit Regulierungsbehörden organisiert, unbundling-Vorschriften umsetzt und adäquate IT-Systeme implementiert.[282]

---

[276] Vgl. *Spohn* (2004), S. 430f.
[277] Vgl. *Wolf/Porbatzki/Hiller* (2006), S. 46f.
[278] Vgl. *Türkucar* (2005), S. 13.
[279] Vgl. *Wolf/Porbatzki/Hiller* (2006), S. 46f.
[280] Vgl. *Busch* (2006), S. 3.
[281] Vgl. *von Rössing* (2005), S. 60.
[282] Vgl. *Türkucar* (2005), S. 14.

3.7.2 Marktstruktur und Etablierung von Gashandelspunkten

Neben den ortsansässigen Unternehmen können Endverbraucher nach der Liberalisierung auch von Fremdversorgern bzw. Gashändlern beliefert werden. Dazu müssen die Händler Gasbezugsverträge mit ihren Lieferanten, Netzzugangs- und Durchleitungsverträge mit den Netzbetreibern und Lieferverträge mit den Endverbrauchern abschließen.[283] Außerdem ist ein Speichervertrag nötig, wenn der Händler zusätzlich Erdgas speichern möchte.[284] Ein Handelspunkt oder ein Hub bietet Käufern und Verkäufern von Erdgas die Möglichkeit, pipline-übergreifend zu handeln. Zukünftig werden neben den bestehenden, meist langfristigen Versorungs- und Transportverträgen, neue Verträge mit standardisierten Texten und verkürzten Laufzeiten wichtig werden.[285] Ob ausländische Unternehmen sich auf dem deutschen Markt betätigen können, wird sich zeigen. Große Energiekonzerne haben gute Voraussetzungen, das Oligopol der regionalen und lokalen Gasunternehmen aufzubrechen, indem sie die **Endverbraucher direkt beliefern**. Auf Dauer wird die Liberalisierung wahrscheinlich zu einer Marktbereinigung führen, bei der ineffiziente Unternehmen – sowohl im Netz- wie auch im Vertriebsbereich – aus dem Markt verschwinden.[286] Die Bundesnetzagentur will einen einheitlichen bundesweiten Gasmarkt mit u.a. standardisierten Verträgen, aber auch einen funktionierenden europäischen Wettbewerbsmark schaffen.[287] Am weitesten gehen Forderungen nach einer Gasbörse auf dem deutschen Markt.[288] Bisher werden in Deutschland in der Regel nur kleinere Überschuss- und Zusatzmengen an Spotmärkten[289] gehandelt. Kritiker weisen darauf hin, dass ein **flüssiger Handel** in Deutschland, mit seinen 900 Gasnetzen und der Tatsache, dass 85% des Erdgases importiert werden müssen, nicht möglich wäre.[290] Als weiteres Gegenargument wird angeführt, dass die Volatilität des Gaspreises – verglichen mit den langfristigen Lieferverträgen ölgebundener Gaspreise – höher ist.[291] Vorteile börslichen Handels liegen in der Automatisierung der Handelsprozesse und der Standardisierung der Handelsprodukte. Dadurch können Transaktionskosten gesenkt, Liquidität gesteigert, Preistransparenz gesteigert, Referenzpreise anerkannt gebildet und Diskriminierungsfreiheit überwacht werden. Allerdings reichen das neue EnWG und die

---

[283] Vgl. *Hellwig* (2003), S. 2.

[284] Vgl. *Spohn* (2004), S. 463.

[285] Vgl. *Gottschlich* (2005), S. 84.

[286] Vgl. *Gerlach* (2005), S. 31.

[287] Vgl. *Thomas* (2005), S. 52.

[288] Vgl. *Thomas* (2005), S. 54.

[289] Ein Spotmarkt bezeichnet Handel mit einer Fälligkeit von bis zu zwei Tagen, also sofortige Bezahlung und Lieferung.

[290] Vgl. *Gerlach* (2005), S. 30.

[291] Vgl. *E.On Ruhrgas AG* (2006b), S. 24.

Gasverordnungen allein nicht aus, um die erforderliche **Mindestliquidiät** für eine Börse mit wirtschaftlicher Bedeutung zu schaffen. Um das zu erreichen, müssten beispielsweise die Ferngesellschaften in ausreichendem Maße kooperieren.[292] Man geht davon aus, dass mit einem Spotmarkt, wie es ihn in Großbritannien gibt, in naher Zukunft in Deutschland nicht zu rechnen ist.[293]

3.7.3 Bemühen um die Versorgungssicherheit

Durch die Situation natürlicher Monopole und dem Risiko von Fehlkoordination zwischen Marktteilnehmern bei einem liberalisierten Wettbewerbsmarkt kann sich eine Gefahr für die Versorgungssicherheit entwickeln. Beispielsweise versagte der amerikanische Gasmarkt in Zeiten sehr hoher Nachfrage mehrmals und konnte keine ausreichende Versorgung sicherstellen.[294] Um eine ähnliche Entwicklung in Europa zu verhindern, wurden vom europäischen Gesetzgeber für die nationalen Mitgliedstaaten **Regulierungsbehörden** gebildet, die die Aufgabe haben, durch angemessene Vorgaben die Versorgungssicherheit zu gewährleisten.[295] Außerdem erließen die EU-Organe im April 2004 eine Richtlinie über Maßnahmen zur Gewährleistung der sicheren Erdgasversorgung, in der gemeinsame Rahmenbedingungen zur Entwicklung einer aktiven Versorgungssicherheitspolitik beschrieben und allgemeine Zuständigkeiten der Marktakteure definiert wurden.[296] Um die Versorgungssicherheit zu gewährleisten, müssen Unternehmen ihre Versorgungspflicht in Bezug auf Anschluss und Lieferung bestimmter Gebiete wahrnehmen. Diese Pflicht besteht auch weiterhin. Zusätzlich ist der Netzbetreiber dazu verpflichtet, Gasmengen von Dritten in das Netz einzuspeisen. Durch diese Berücksichtigung von Transportkunden besteht ein erhöhter Kommunikationsaufwand. Das Kapazitäts- und Engpassmanagement wird in Zukunft eine wichtige Rolle im Rahmen der Versorgungssicherheit spielen. Den Netz- und Speicherbetreibern obliegt die Pflicht, Planung, Bau und Wartung von Infrastruktur ausreichend durchzuführen.[297] Neben **internen Risiken** – wie technischen Beschränkungen und Fehlkommunikation – wird die Versorgungssicherheit auch von der wachsenden Gefahr von **Terroranschlägen** bedroht.[298] Auch Beschränkungen im Gasexport anderer Länder können sich negativ auf die Versorgungssicherheit auswirken.[299]

---

[292] Vgl. *Niessen* (2005), S. 18ff.
[293] Vgl. *Gerlach* (2005), S. 31.
[294] Vgl. *Klei* (2005), S. 680f.
[295] Vgl. *Brandt* (2005), S. 637.
[296] Vgl. *Der Rat der Europäischen Union* (2004), S. 92.
[297] Vgl. *Dörband* (2005), S. 23f.
[298] Vgl. *Klei* (2005), S. 683.
[299] Vgl. *Tagesschau.de* (2006b).

3.7.4 Entwicklung des Gaspreises

Die Entwicklung der Erdgaspreise in Deutschland ist stark von internationalen Beschaffungsmärkten abhängig. Die Gaspreise folgen den Ölpreisen in gedämpfter und verzögerter Form. Im Folgenden werden einige **Faktoren** aufgeführt, die die künftige Entwicklung des internationalen Erdgaspreises beeinflussen. In Prognosesn der International Energy Agenda und der Energy Information Administration werden bis zum Jahr 2030 jährliche Zuwachsraten von 2,2% bis 2,5% der weltweiten Erdgasnachfrage prognostiziert, die den Anstieg des jährlichen Gesamtenergieverbrauchs von 1,7% bzw. 1,8% übersteigen. Da die **Gasreserven** als konstant betrachtet werden, ist somit von steigenden Gaspreisen auszugehen. Besonders für die Erschließung von Schwellenländern sind weltweit hohe Investitionen in die Gasinfrastrukturen aufzubringen. Auch dies könnte sich auf den Gaspreis auswirken. Da sich die Marktmacht der Angebotsseite auf wenige Staaten beschränkt und gleichzeitig Gasnetze trotz gesunkener Transportkosten noch immer regional beschränkt bleiben, könnten diese Staaten ihre **Marktmacht** weiter ausbauen. Vor allem der verstärkte Einsatz von LNG-Tankern wird den Austausch von Gas fördern. Letztendlich wird aber der Ölpreis den Gaspreis entscheidend beeinflussen.[300] Die Preise für Öl und Gas in Deutschland sind stark von den Weltmarktpreisen abhängig. Auch da der **Wechselkurs** des Euro 2005 stark gesunken ist, verteuerte sich der Importpreis für Erdöl vom Dezember 2004 bis Dezember 2005 um 60% und der für Erdgas um 45%. Die Verbraucherpreise lagen dadurch im Durchschnitt in der Industrie um 25%, im Handel und Gewerbe um 19%, bei der Abgabe an Haushalte um 15% und bei Kraftwerken um 14% höher als ein Jahr zuvor.[301] Der Industrie wird aufgrund der meist wenigeren beteiligten Marktstufen und der größeren Gasmengen je Verbraucher ein günstigerer Preis angeboten als den privaten Haushalten.[302] In weiter entwickelten Märkten, wie den USA und Großbritannien, war ein diskriminierungsfreier Netzzugang für Dritte einerseits und eine gesellschaftsrechtliche Trennung von Transport und Vertrieb andererseits der Startpunkt für eine langfristige Entwicklung zum funktionierenden Wettbewerb. Die Gaspreise entkoppelten sich nach *Klag* (2003) von den Ölpreisen und fielen um bis

---

[300] Vgl. *Schiffer* (2005), S. 297f.

[301] Im Zeitraum Dezember 2004 bis Dezember 2005. Vgl. *Deutsches Institut für Wirtschaftsforschung* (2006), S. 118ff.

[302] In 2005 betrug der Erdgas-Einfuhrpreis (Durchschnittswert der Monate Januar bis Oktober) 13,37 ct/m3 und der durchschnittliche Verraucherpreis für die privaten Haushalte belief sich auf 46,05 ct/m3 inkl. Mehrwertsteuer. Damit machen die Importpreise nur weniger als ein Drittel der Privatkundenpreise aus und die Durchschnittserlöse bei der Abgabe an die Industrie betrugen im Jahr 2004 ohne Mehrwertsteuer 20,73 ct/m3. Vgl. *Bundesministerium für Wirtschaft und Technologie* (2006), S. 26.

zu 30%.[303] Dies spricht für eine **Preisbildung auf Basis von Angebot und Nach-frage**.[304] Allerdings zeigen historische Preisentwicklungen aus den USA, dass Öl- und Gaspreise auch ohne explizite Preiskopplung im Mittel parallel verlaufen. Dies ist vor allem auf die harte Konkurrenz beider Produkte zurückzuführen, die auch zwischen Kohle- und Erdölpreisen beobachtbar ist.[305] Im Unterschied zu den USA und Großbritannien befindet sich die EU jedoch in einer weitaus größeren **Importabhängigkeit**, wodurch dieser Zusammenhang verzerrt wird.[306] Auch die Betrachtung der Liberalisierung des deutschen Elektrizitätsmarktes seit 1998 bringt interessante Einsichten. Der Strompreis für Haushaltskunden hat sich bis 2005 um ca. 18% erhöht.[307] Dies ist jedoch darauf zurückzuführen, dass Steuern und Abgaben auf den Strompreis zugenommen haben und sich Steinkohle besonders in 2003 und 2004 verteuerte. Die Preise für Netzzugang und Durchleitung sind nahezu konstant geblieben.[308]

3.8 Zusammenfassung

Damit konnte ein Überblick über die Rahmenbedingungen der europäischen und der deutschen Gaswirtschaft gegeben werden. Um die Identifikation von Kernkompetenzen im liberalisierten Gashandel zu ermöglichen, wurden die Besonderheiten des Energie-trägers Erdgas, die Struktur der deutschen Gaswirtschaft und die Liberalisierungsbe-mühungen auf europäischer und deutscher Ebene dargestellt. Dabei konnte auf die Ein-führung eines Netzzugangsregimes und auf Vorschriften zur Entflechtung der Kapital-verbindungen eingegangen werden. Für den Marktzutritt von neuen Unternehmen war außerdem die Etablierung von Gashandelspunkten und die Darstellung der Spaltung zwi-schen Preisbildung einerseits und Kostenstruktur andererseits interessant. Ebenso wurde auf Auswirkungen der Liberalisierung eingagengen. Es sollte deutlich geworden sein, wie langwierige Bemühungen zu einem Zusammenwachsen der europäischen Gasmärkte und zu mehr Transparenz innerhalb der deutschen Gaswirtschaft geführt haben. Dabei ist jedoch das Ziel eines liberalisierten Gashandels – vor allem im Vergleich zu weit entwi-ckelten Märkten – wie bspw. Großbritannien, noch nicht erreicht. Im folgenden Kapitel 4 kann auf diesen Grundlagen der Aufbau von Handelseinheiten und der Zugang zu den Gashandelsnetzen beschrieben werden.

---

[303] Vgl. *Klag* (2003), S. 130.
[304] Vgl. *Däuper* (2003), S. 37f.
[305] Vgl. *Regio Energie* (2006), S. 5f.
[306] Vgl. *Däuper* (2003), S. 38.
[307] Vgl. *Bundesministerium für Wirtschaft und Technologie* (2006), S. 26.
[308] Vgl. *Growitsch/Müsgens* (2005), S. 10f.

4 Unternehmensfunktionen und Prozesse im liberalisierten Gashandel

4.1 Hinführung

Für die Identifizierung von Kernkompetenzen im liberalisierten Gashandel ist es erforderlich, die Prozesse und Funktionsbereiche von Unternehmen in diesem Bereich zu erläutern. Ebenso, wie durch die – eher externen – rechtlichen und strukturellen Rahmenbedingungen, die im vorangegangenen Kapitel dargelegt wurden, sind die im Folgenden zu beschreibenden **internen Aspekte** für eine Identifikation der für den Gashandel essentiellen Fähigkeiten maßgeblich. Das Kapitel gliedert sich in drei Abschnitte: Zu Beginn

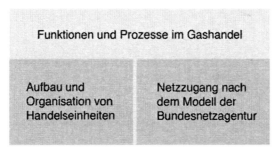

Abbildung 4.1: Grobgliederung der Funktionen und Prozesse im Gashandel[309]

wird der Aufbau einer **Handelsabteilung** beschrieben (Abschnitt 4.2). Der zweite Teil beschäftigt sich mit dem **Netzzugang** im liberalisierten deutschen Gasmarkt (Abschnitt

---

[309] Quelle: Eigene Darstellung.

4.3). Danach wird auf die konkrete **Umsetzung des Basismodells** der Bundesnetzagentur zum Netzzugang eingegangen (Abschnitt 4.4).

4.2 Aufbau und Organisation von Handelseinheiten

Beim Aufbau und der Organisation von Handelseinheiten sind verschiedene Rahmebe-
dingungen und gesetzliche Anforderungen zu beachten, die im Folgenden dargestellt
werden sollen. Dabei ist zwischen dem **allgemeinen** Handelsrahmen für Handelsun-

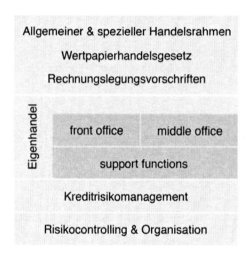

Abbildung 4.2: Rahmenbedingungen für und Anforderungen an die Handelseinheit[310]

ternehmen (Abschnitt 4.2.1) und dem **speziellen** Handelsrahmen (Abschnitt 4.2.2) zu
unterscheiden. Weiterhin existieren bestimmte **Rechnungslegungsvorschriften** (Abschnit 4.2.3). Außerdem spielt der Umfang des **Eigenhandels** des Handelshauses eine Rolle (Abschnitt 4.2.4). Die Aufgaben des sog. **front office** werden im Abschnitt
4.2.5 beschrieben. Zu den Unterstützungsfunktionen des front office zählen **middle office, back office und IT**. Ihre Rolle wird im Abschnitt 4.2.6 ausgeführt. Wichtig sind
außerdem Erörterungen zum **Risikocontrolling** (Abschnitt 4.2.7) und **Kreditrisikomanagement** (Abschnitt 4.2.8) sowie der Einfluss des **Wertpapierhandelsgesetzes**
(4.2.9).

---

[310] Quelle: Eigene Darstellung.

4.2.1 Allgemeiner Handelsrahmen für Handelsunternehmen

Für den physischen Handel mit Gas bilden die bereits besprochenen Richtlinien 2003/54/EG und 2003/55/EG die europäische Rechtsgrundlage. Zwar gibt es in beiden Richtlinien keine gesonderten unmittelbaren **Organisationsanforderungen**, jedoch führen die unbundling-Vorschriften mittelbar zur Konsequenz der Gründung einer eigenständigen Handelseinheit.[311] Um die persönliche Haftung zu begrenzen, scheint die Form der Kapitalgesellschaft am besten geeignet. Rechtsgrundlage für die Aktiengesellschaft (AG) ist insbesondere das Aktiengesetz und die allgemeinen Regelungen von BGB und HGB. Für die GmbH ist das GmbH-Gesetz (GmbHG) Rechtsgrundlage. Das Gesetz zur Kontrolle und Transparenz im Unternehmensbereich (KonTraG) wurde am 1998 durch den Deutschen Bundestag verabschiedet. Mit ihm werden die Vorstände aller Aktiengesellschaften verpflichtet, ein angemessenes Risikomanagement sowie eine **interne Revision** einzurichten.[312] Das KonTraG gilt zwar formal nur für Aktiengesellschaften, wird aber analog auch für GmbHs angewendet. Außerdem hat bei Unterordnungskonzernen im Sinne von § 18 I AktG das beherrschende Mutterunternehmen für die angemessene Einhaltung in den Tochterunternehmen Sorge zu tragen.[313] Ein **Risikomanagementsystem** hat die Aufgabe, die eingegangenen aktuellen und zukünftigen Risiken zu identifizieren, zu analysieren, zu bewerten und zu steuern. Die Ergebnisse der Steuerung sind an einer vorher festgelegten Risikostrategie zu spiegeln, wobei auch die Risikotragfähigkeit der Handelseinheit zu beachten ist. Ein organisatorisch eingerichtetes Risikocontrolling als integrativer Bestandteil des Managementreportings kann dabei die Voraussetzung sein.[314] Das KonTraG fordert daneben die Einrichtung eines internen **Überwachungssystems**, eines umfassenden (Risiko-) Controlling und die Etablierung eines Frühwarnsystems. Das Überwachungssystem soll Risiken präventiv verhindern oder verkleinern. Hierzu gehört auch die interne Revision, die die regelmäßige Prüfung der eingerichteten Systeme auf ihre Funktionsfähigkeit hin durchführt.[315]

4.2.2 Spezieller Rechtsrahmen für bestimmte Handelsgeschäfte

Um Geschäfte abzuschließen, die dem § 1 Kreditwesengesetz (KWG) entsprechen, bedarf es gemäß § 32 KWG einer **Erlaubnis der Bundesanstalt für Finanzdienst-**

---

[311] Vgl. *Craul* (2005), S. 31.

[312] Vgl. *RWS-Verlag* (1997), S. 1.

[313] Vgl. *Craul* (2005), S. 32.

[314] Vgl. *Craul* (2005), S. 32f.

[315] Vgl. *Craul* (2005), S. 33.

leistungsaufsicht (BaFin). In diesem Fall wird die Handelseinheit als Kreditinstitut bzw. Finanzdienstleistungsinstitut aufgefasst, so dass das KWG Anwendung findet. Daneben gibt es Mindestanforderungen an das Betreiben von Handelsgeschäften (MaH). Für die Aufbauorganisation einer Handelseinheit zwingend zu beachten sind dabei eine klare funktionale und organisatorische Trennung des Handels von den Bereichen Abwicklung, Rechnungswesen sowie Überwachung und Kontrolle. Dies wird bis auf die Ebene der Geschäftsleitung vorgeschrieben.[316] Auch für Ablauforganisation und elektronische Datenverarbeitung machen die **MaH** Vorschriften, die jedoch noch sinngemäß ergänzt werden durch die Mindestanforderungen an das Kreditgeschäft der Kreditinstitute (MaK). Unter den Anwendungsbereich fallen beispielsweise auch außerbilanzielle Geschäfte, für die ein Adressenausfallrisiko besteht. Die **MaK** legen ebenfalls Wert auf die funktionale, aufbauorganisatorische Trennung der Bereiche Markt und Marktfolge des Kreditgeschäfts bis auf die Ebene der Geschäftsleitung. Die Funktion Markt sollte direkt vom front office Bereich wahrgenommen werden. Danach kann die unabhängige Prüfung durch eine zentrale Kreditabteilung erfolgen. Letztere berichtet dann an ein nicht für den Handel zuständiges Mitglied der Geschäftsleitung.[317] Als **Eigenhandel** im engeren Sinn bezeichnet man die Einschätzung der Marktlage und den Eingang spekulativer Positionen aus eigenem Antrieb. Dazu gehört auch der Arbitragehandel, bei dem möglichst gleichzeitig gegenläufige Positionen eingegangen werden, mit denen man produktbezogene oder ortsbezogene Preisdifferenzen ausnutzen will. Im weiteren Sinn bezeichnet Eigenhandel alle Handelsgeschäfte, bei denen die das Handelsunternehmen in eigenem Namen und für eigene Rechnung handelt. Hierzu zählt auch das so genannte **market making**, bei dem die Verpflichtung übernommen wird, für bestimmte Produkte jederzeit An- und Verkaufskurse zu stellen. Eine Handelseinheit kann rechtlich selbständig sein, oder in eine bestehende Gesellschaftsform integriert werden.[318]

4.2.3 Rechnungslegungsvorschriften

Bei Handelseinheiten, die rechtlich unselbständig sind, finden die Rechnungslegungsvorschriften des Gesamtunternehmens Anwendung. Für rechtlich selbständige Handelseinheiten gelten Vorschriften in Abhängigkeit von Rechtsform und der eventuellen Eigenschaft als Kredit- und/oder Finanzdienstleistungsinstitut. Für alle Kaufleute gelten die in §§ 238 HGB ff. festgelegten **Buchführungspflichten**, die es einem sachverständigen

---

[316] Vgl. *Craul* (2003), S. 132ff.
[317] Vgl. *Craul* (2005), S. 34ff.
[318] Vgl. *Craul* (2005), S. 29f.

Dritten ermöglichen sollen, sich in angemessener Zeit einen Überblick über die Geschäfte und die Finanzlage eines Unternehmens zu verschaffen. Daneben fordert das HGB mindestens einmal jährlich die Aufstellung eines **Jahresabschlusses**. Darüber hinaus gelten für Handelseinheiten in Form von Kapitalgesellschaften die Vorschriften zum Anhang mit Erläuterungen und zum Lagebericht. Ist die Handelseinheit ein Kreditinstitut oder ein **Finanzdienstleistungsinstitut**, so gelten zusätzlich die §§ 230 HGB ff.. Für die Bilanzierung der Kreditinstitute ist weiterhin die Verordnung über die Rechnungslegung der Kreditinstitute relevant.[319] Seit dem Geschäftsjahr 2005 ist für börsennotierte Gesellschaften auf Beschluss der EU-Kommission die Bilanzierung nach den International Financial Reporting Standards (IFRS, vormals IAS) vorgeschrieben. Die **IFRS** legen den Schwerpunkt auf eine marktwertorientierte Bilanzierung zum fair (market) value.[320] Das bedeutet, dass Veränderungen innerhalb der fair values im Positiven wie im Negativen sofort in vollem Umfang in der Gewinn- und Verlustrechnung auszuweisen sind, was eine höhere Ergebnisvolatilität bedingt. Dieser ist durch eine entsprechende **Eigenkapitalausstattung** Rechnung zu tragen.[321]

4.2.4 Die Rolle des Eigenhandels in europäischen Energieunternehmen

Heute wird der Handel in Energieunternehmen meist mit dem Management der Risiken des Großhandelsmarktes[322] betraut. Dazu ist die Handelsabteilung i.d.R. komplett in die Wertschöpfungskette des Mutterkonzerns integriert und übernimmt die alleinige **Ergebnisverantwortung** für sämtliche Großhandelsrisiken. Preisrisiken auf Primär- und Sekundärenergiemärkten, Volumenrisiken, Kreditrisiken sowie compliance-Risiken werden dabei mittels derivativer Instrumente abgesichert (hedging). Es sind aber auch Handelseinheiten außerhalb der Wertschöpfungskette denkbar, die nur über **Eigenhandelsmandate** verfügen und spekulative Gewinne auf Teilmärkten erzielen wollen, wobei die Ergebnisverantwortung bei den Bereichen Erzeugung und Vertrieb liegt. Im Folgenden wird die Rolle des front office – der zentralen Schnittstelle zwischen externem Großhandelsmarkt und Konzern –betrachtet.[323]

---

[319] Vgl. *Craul* (2005), S. 38f.
[320] Im Gegensatz zum HGB, das am allgemeinen Vorsichtsprinzip orientiert.
[321] Vgl. *Craul* (2005), Rn. 40.
[322] Gegenstück zum Großhandel ist das Versorgergeschäft.
[323] Vgl. *Rahn/Reiss/Schütze* (2005), Rn. 47f.

4.2.5 Aufgaben, Pflichten, Rechte & Limitierungen des front office

Nur im front office können Handelsgeschäfte abgeschlossen werden, deren Ausführung die Hauptaufgabe der im front office beschäftigten Händler ist. Bei der Ausführung von Geschäften findet ein **Risikotransfer** in das bzw. aus dem Unternehmen statt. Wie auch bei anderen Märkten existieren im Energiehandel drei Gruppen von Händlern: Spekulanten, Hedger und Arbitrageure. Spekulanten schließen Geschäfte ab, wenn sie glauben eine bevorstehende Marktentwicklung vorhersehen zu können. Hedger sichern bestehende Vermögenspositionen des Unternehmens – bspw. Kraftwerke – ab, indem sie deren Risiken – bspw. über Terminverkauf der Kraftwerksleistung – in den Markt transferieren. Arbitrageure blicken vor allem auf Unzulänglichkeiten bei Transparenz und Preisbildung auf jungen Märkten für die risikolose Ausnutzung von Preisunterschieden. Auch die **Logistik** zählt zu den Aufgaben des front office. Im Gashandel betrifft das hauptsächlich shopping bzw. scheduling sowie Bilanzkreis- und Fahrplanmanagement.[324] Im front office werden Großhandelsprodukte bewertet und bepreist, meist um deren so genannten **fairen Wert** festzustellen. Die Händler bedienen sich dazu ihres Fachwissens, ihrer Erfahrung und Intuition, sowie der ihnen dafür zur Verfügung stehenden Informationsquellen. Außerdem werden besonders illiquide Produkte, deren Preis nicht im Markt ablesbar ist bepreist. Da die Mitarbeiter des front office aufgrund ihrer Marktnähe über erstklassige Informationen verfügen, fließen ihre Marktanalysen und Trendbestimmungen in elektronische oder verbale **Marktreportagen** ein, die meist auf der sog. Technischen Analyse[325] oder der sog. Fundamentalen Analyse[326] basieren. Während hier auch mittels subjektiver Markteinschätzung (sentiment) und Marktgerüchten sehr kurzfristige **Prognosen** für die nächsten Stunden oder Tage gebildet werden, bezieht sich die Arbeit der Research-Abteilung auf mittel- und langfristige Zeiträume.[327] Die Mitarbeiter des front office nehmen ihre Aufgaben zu den üblichen Marktöffnungszeiten wahr. Allerdings müssen für eventuelle innertägliche Geschäfte, etwa durch den Ausfall eines Kraftwerkes, rund um die Uhr Schichtdienste bzw. Bereitschaftsdienste zur Verfügung stehen. Die Kommunikation aktueller Marktdaten erfolgt an den Konzernvorstand, an Asset-Portfoliomanager und an andere Händler im front office. Darüber hinaus wird besonders mit den Unterstützungsbereichen research, back office, middle office, Rechtsabteilung, credit risk management und Risikocontrolling intensiv kommu-

---

[324] Vgl. *Rahn/Reiss/Schütze* (2005), Rn. 50ff.
[325] Aus Kursbewegungen der Vergangenheit werden Prognosen für zukünftige Entwicklungen gebildet.
[326] Preisprognosen werden aufgrund von zukünftigen Angebots- und Nachfrageszenarien gebildet.
[327] Vgl. *Rahn/Reiss/Schütze* (2005), Rn. 58ff.

niziert, wenn z.B. neue Produkte eingeführt werden, ein Geschäftspartner Insolvenz anmeldet, ein Handelsgeschäft falsch bestätigt wurde oder eine Limitverletzung festgestellt wurde. Weitere **Kommunikationspartner** der Mitarbeiter des front office sind externe Marktteilnehmer, wie Geschäftspartner, Broker und Mitarbeiter bei Energiebörsen. Außerdem werden gegebenenfalls Redakteure und Journalisten von Nachrichtendiensten und Fachzeitschriften mit Markteinschätzungen und Preistrends versorgt. Eine weitere Aufgabe des front office ist die **Entwicklung neuer Produkte** zur Verbesserung des internen Risikomanagements. Es ist ein hohes Maß an Verständnis der Produkte einerseits und organisatorischem Augenmaß andererseits gefragt, um bei der fehleranfälligen Implementierung innovativer Produkte erfolgreich zu sein.[328] Gegenüber anderen Konzernbereichen wird das front office insofern abgegrenzt, wie es alleiniger **Handelsberechtigter** auf Ebene des Großhandels ist. Demgegenüber schließt man das front office im Regelfall vom operativen Betrieb von Kraftwerken ebenso aus, wie vom Endkundengeschäft. Gründe dafür sind in Effizienzgewinnen durch Arbeitsteilung und dem Ausschluss von konzerninterner Konkurrenz zu finden. Gegenüber anderen Handelsbereichen wird das front office durch die Beschränkung auf den **Abschluss** des Geschäfts abgegrenzt. Prüfung und Bestätigung der getätigten Geschäfte, Abrechnung und Rechnungslegung durch das back office, Bewertung durch das middle office oder Risikoberechnung durch das Risikocontrolling sind Funktionen, von denen das front office ausgeschlossen ist.[329] Über die Absicherung des Kerngeschäfts des Mutterkonzerns hinaus hat das front office eventuell die Möglichkeit, so genannte **Eigenhandelsgeschäfte** abzuschließen, deren Ziele eine ständige Marktpräsenz, eigene Gewinne und Anreiz für die Händler im front office sind. Für die Eigengeschäfte existieren feste Mandate und enge Limite.[330]

4.2.6 Die Unterstützungsfunktionen: middle office – back office – IT

Das **middle office** hat die Aufgabe, die den Handelsaktivitäten innewohnenden Risiken zu mindern, Methoden zur systematischen Bewertung von Risiken zu entwickeln, sämtliche Portfolios täglich zu bewerten (mark-to-market) sowie Prozesse zu verbessern und neue Produkte in das Handelssystem zu implementieren. Dazu werden die **Kreditlinien** für Handelspartner systematisch festgelegt, das bedeutet Informationen gesammelt, eine konzerninterne Bewertung erstellt, die Kreditwürdigkeit ermittelt und die Entscheidung

---

[328] Vgl. *Rahn/Reiss/Schütze* (2005), Rn. 62ff.
[329] Vgl. *Rahn/Reiss/Schütze* (2005), Rn. 67ff.
[330] Vgl. *Rahn/Reiss/Schütze* (2005), Rn. 70.

über Aufnahme oder Ablehnung von Handelsbeziehungen getroffen. Im Falle einer positiven Entscheidung werden Standard-Rahmenverträge geschlossen und entsprechende Kreditrahmen gewährt, deren Einhaltung von den Mitarbeitern des middle office regelmäßig überprüft wird.[331] Die Spezialisten im middle office entwickeln Modelle und Bewertungskriterien, um alle gehandelten Produkte im **Handelssystem** abzubilden und deren marktgerechte Bewertung zu ermöglichen. Die Abbildung nicht-standardisierter Produkte erfordert ein tiefes Verständnis der Produkte und der Abbildungsmöglichkeiten. Die Entwicklung von Anweisungen und Richtlinien für die Handelseinheit obliegt ebenfalls dem middle office.[332] Die Risikobewertung offener Positionen erfolgt durch Analysten, die auf die Marktinformationen, Trends und Preisprognosen von Händlern und Portfoliomanagern zurückgreifen. Für neue Märkte und Produkte werden durch das middle office Einschätzungen und Bewertungen gefunden, sowie geeignete Rahmenbedingungen geschaffen.[333]

Das **back office** wickelt die getätigten Handelsgeschäfte administrativ ab, also kontrolliert und verifiziert, bestätigt gegenüber dem Handelspartner und übernimmt die fachliche Prüfung der Börsenkonten und die Verwaltung der Stammdaten der Kontrahenten. Die im Handelssystem erfassten Geschäfte werden anhand von Händlerunterlagen, Kontrahenten- und Brokerbestätigungen auf ihre **Richtigkeit** sowie auf ihre Plausibilität geprüft. Im Falle des Börsenhandels prüft das back office die Bestätigungen der Börsen, Clearingbanken bzw. -broker und die Ein- und Ausgänge auf dem Marginkonto.[334] Die **Rechnungslegung** am Monatsende und der Abgleich von Zahlungseingängen mit dem Rechnungswesen obliegt ebenfalls dem back office. Im Falle von Rückfragen steht es als Ansprechpartner zur Verfügung. Im Falle von abgeschlossenen Rahmenverträgen existieren unterschiedliche Arten der Verrechnung von Zahlungsströmen.[335] Zu einem bestimmten Zeitpunkt findet der **Tagesabschluss** statt, bei dem auf Doppeleingaben geprüft wird und alle Geschäfte entsprechend Marktpreisen bewertet werden, um für das Risikocontrolling reportings bilden zu können.[336]

Im Energiehandel gehören **Informationstechnologie** (IT) und Internet-basierte Anwendungen zum Alltag, da nahezu alle Abläufe IT-gestützt sind und im Börsenhandel und auch im OTC-Markt Geschäfte weitgehend online abgeschlossen werden. Ein Erfolgsfaktor ist hier die stetige Weiterentwicklung und Anpassung der IT-Systeme an das

---

[331] Vgl. *Rahn/Reiss/Schütze* (2005), Rn. 112ff.
[332] Vgl. *Rahn/Reiss/Schütze* (2005), Rn. 114.
[333] Vgl. *Rahn/Reiss/Schütze* (2005), Rn. 155ff.
[334] Vgl. *Rahn/Reiss/Schütze* (2005), Rn. 120ff.
[335] Vgl. *Rahn/Reiss/Schütze* (2005), Rn. 124ff.
[336] Vgl. *Rahn/Reiss/Schütze* (2005), Rn. 127.

dynamische Marktumfeld.[337] Zu den Aufgaben der IT-Abteilung zählen die Administration, Betreuung und Pflege der eigenen Hard- und Software, die Auswahl von Software zur Optimierung von Geschäftsprozessen und deren Integration sowie die Erstellung von Fachkonzepten für die Weiterentwicklung der IT-Landschaft. Durch die breite Abhängigkeit von der IT ist ein Notfallsystem ebenso notwendig, wie die ständige Bereitschaft der Mitarbeiter und betreuender Dienstleister. Ebenso ist ein permanentes Streben zur Steigerung der Effizienz der Systeme durch deren hohe Kosten erforderlich.[338] Um jederzeit auf genaue und aktuelle **Informationen** zugreifen zu können, müssen diese für die Mitarbeiter leicht zugänglich und sehr benutzerfreundlich gestaltet sein. Weitere Anforderungen an die IT-Plattform sind hohe Flexibilität, volumenbezogene und geographische Ausbaufähigkeit, weitgehende Anbindungsmöglichkeiten an andere Systeme sowie Automatisierung der Abläufe. Im front office werden das Handelssystem und Anwendungen für die Fahrplanerstellung und -anmeldung verwendet. Daneben können im Haus entwickelte Systeme zum Import und zu Verarbeitung von Marktdaten und -informationen, der Einsatz von SAP im Rechnungswesen sowie Anbindungen an die Europäischen Strombörsen verwendet werden. Das **Handelssystem** ist der Kern aller Geschäftsaktivitäten. Darin werden alle Handelsgeschäfte bis zur Fälligkeit verwaltet, das heißt täglich zum Marktpreis bewertet, überwacht, ihr Marktumfeld analysiert und veränderte Marktbedingungen simuliert. Dass auch das Risikocontrolling und das Berichtswesen auf die im Handelssystem erfassten Daten zurückgreifen, verdeutlicht dessen Wichtigkeit.[339]

4.2.7 Risikocontrolling und Organisation

Da im Energiehandel neben physisch zu erfüllenden Kontrakten auch mit derivativen Finanzinstrumenten gehandelt wird, ist vom Gesetzgeber und von Regulatoren (EU, BaFin, FSA, usw.) die Übertragung von Usancen und Regeln der Finanzmärkte vorgeschrieben. Die Bundesanstalt für Finanzdienstleistungsaufsicht (BaFin) vergibt für erlaubnispflichte Geschäfte Bank- bzw. **Finanzdienstleistungslizenzen**. EU-weit besteht die Möglichkeit einen Europäischen Pass zu erlangen, um nicht in jedem Land einen seperaten Lizenzantrag stellen zu müssen.[340] Durch die Mindestanforderungen an das Risikomanagement (MaRisk) können Schnittstellenprobleme bei den MaH, den MaK sowie den Mindestanforderungen an die Ausgestaltung der Internen Revision (MaIR)

---

[337] Vgl. *Rahn/Reiss/Schütze* (2005), Rn. 130.
[338] Vgl. *Rahn/Reiss/Schütze* (2005), Rn. 131ff.
[339] Vgl. *Rahn/Reiss/Schütze* (2005), Rn. 134ff.
[340] Vgl. *Bünting/Boc* (2006), Rn. 143f.

beseitigt werden.[341] Neben den originären **Überwachungs- und Kontrollfunktionen** nimmt das Risikocontrolling auch Aufgaben der Weiterentwicklung von Verfahren und Methoden zur Quantifizierung von Marktrisiken wahr.[342]

4.2.8 Kreditrisikomanagement

Kreditrisiko beschreibt den Betrag, den ein Unternehmen verlieren kann, wenn ein Kontraktpartner einen bestehenden Kontrakt nicht erfüllen will oder kann. Das aktuelle Kreditrisiko berechnet sich dabei aus dem Forderungsrisiko[343] und dem Wiederbeschaffungswert. Dieses wird täglich errechnet und mit dem entsprechenden Limit verglichen.[344] Das **potentielle Kreditrisiko** besteht während der Laufzeit der Transaktion. Dieses wird mit statistischen Simulationen berechnet[345] oder durch heuristische Stress-Szenarien[346] ermittelt. Bei besonders sensitiven Kontrahentenbeziehungen sind kreditrisikobegrenzende Maßnahmen zu ergreifen.[347] Im Gashandel findet oft keine Orientierung an Kreditrisikomanagement-best-practice statt, da die Vertragsbedingungen von der marktstärkeren Seite diktiert werden.[348] Kreditrisiken und rechtliche Risiken werden daher nur unzureichend eingepreist.[349] Regulierungsansätze sehen vor, dass **Eigenkapital** zur Sicherung der übernommenen Risikoaktiva bereitgestellt werden muss. Die Bereitstellung von Eigenkapital ist jedoch teuer.[350] Neben dem Management des Marktrisikos ist das Kreditrisikomanagement mit entsprechenden Berichtslinien und organistationaler Stellung zu etablieren, wobei Banken als Vorbilder dienen können.[351] Zu den Aufgaben der Kreditabteilung gehört also die Analyse von Unternehmen, die Ausstattung des Unternehmens und der Geschäftspartner mit ausreichend offenen Kreditlinien und damit die Liquiditätssicherung des Handelsfloors und die tägliche Berechnung und Kontrolle des Kreditrisikos. Dazu sind effektive **Berichtslinien** und eine entspre-

---

[341] Vgl. *Bünting/Boc* (2006), Rn. 149.

[342] Vgl. *Bünting/Boc* (2006), Rn. 151.

[343] Wert der gelieferten, aber nicht bezahlten Waren.

[344] Oft wird in der Praxis lediglich das Forderungsrisiko berechnet, was dazu führt, dass bei den hohen Preisvolatilitäten in den Energiemärkten teilweise ein um ein Vielfaches der ausstehenden Forderungen hoher Wiederbeschaffungswert erreicht werden kann.

[345] Bspw. mit Hilfe der Monte-Carlo-Simulation. Gegen die Anwendung rein statistischer Verfahren werden die hohen Volatilitäten und fehlende historische Preisdaten angeführt.

[346] Es werden Szenarien gebildet, die zwar eine geringe Eintrittswahrscheinlichkeit aufweisen, aber große Wirkungen haben: Beispielsweise die Verschiebung einer Preiskurve oder ein plötzlicher Preis-Schock.

[347] Vgl. *Weinert/Fuhr* (2005), Rn. 6ff.

[348] Vgl. *Weinert/Fuhr* (2005), Rn. 1.

[349] Vgl. *Weinert/Fuhr* (2005), Rn. 2.

[350] Vgl. *Weinert/Fuhr* (2005), Rn. 3.

[351] Vgl. *Weinert/Fuhr* (2005), Rn. 4f.

chende Kultur oder Einstellung des Managements nötig. Um Transparenz zu schaffen, ist eine Kommunikation der generellen Risikobereitschaft des Unternehmens durch die Geschäftsleitung sinnvoll.[352]

4.2.9 Der Einfluss des Werpapierhandelsgesetzes auf den Energiehandel

Der Begriff des Finanzinstruments umfasst auch Warenderivate, so dass der Handel mit Warenderivaten den Geboten und Verboten des **Wertpapierhandelsgesetzes** (WpHG) unterworfen sein kann.[353] Ein Warenderivat ist ein Festgeschäft oder Optionsgeschäft – jedenfalls ein Termingeschäft – dessen Preis unmittelbar oder mittelbar vom Börsen- oder Marktpreis von Waren oder Edelmetallen abhängt. Diese können an der Börse oder außerbörslich gehandelt werden.[354] Demgegenüber sind Spotgeschäfte als Untergruppe von Kassageschäften keine Warenderivate.[355] Zu den Warenderivaten gehören Geschäfte mit finanzieller Erfüllung und bestimmte Geschäfte mit physischer Erfüllung.[356] Die physisch erfüllten Termingeschäfte für Waren des OTC-Marktes stellen keine Warenderivate dar. Börsliche Spotgeschäfte, bei denen für die physische Erfüllung je Stunde und Block z.b. am Folgetag gehandelt wird, stellen keine Termingeschäfte dar.[357] Neben Warenderivaten existieren sog. Sonstige Instrumente. Das können börsliche Termingeschäfte sein, deren Preis z.b. von Frachtraten, Klimavariablen oder Emissionsberechtigungen abhängt.[358] Dies kann evtl. für den Handel mit Transportkapazität interessant sein. Die Vertragsparteien eines privatrechtlichen Vertrages über den Kauf bzw. Verkauf eines OTC-Finanzinstrumentes gelten als Emittenten von OTC-Finanzinstrumenten.[359] Je nachdem, ob ein Geschäft als Finanzinstrument zu betrachten ist, muss die Handelsabteilung sich am WpHG orientieren. Damit ist die Darstellung der **Prozesse in der Handelsabteilung** im liberalisierten Gashandel abgeschlossen und es folgen im Abschnitt 4.3 Ausführungen zum Netzzugang.

---

[352] Vgl. *Weinert/Fuhr* (2005), Rn. 6ff.

[353] Vgl. *Horstmann* (2005), Rn. 7.

[354] Vgl. *Horstmann* (2005), Rn. 8 und 13.

[355] Vgl. *Horstmann* (2005), Rn. 10.

[356] Vgl. *Horstmann* (2005), Rn. 15f.

[357] Vgl. *Horstmann* (2005), Rn. 17.

[358] Vgl. *Horstmann* (2005), Rn. 20.

[359] Vgl. *Horstmann* (2005), Rn. 21.

4.3 Netzzugang im liberalisierten deutschen Gasmarkt

Für neue Handelsunternehmen ist der **diskriminierungsfreie Zugang** zu den Gasnetzen fremder Betreiber der entscheidende Punkt bei der Etablierung ihres Geschäftsmodells. Daher werden auf den folgenden Seiten das Basismodell der Bundesnetzagentur vorgestellt (Abschnitt 4.3.1), die für den Gastransport wichtige Aufteilung der Marktgebiete erläutert (Abschnitt 4.3.2) und klärungsbedürftige Punkte – vor allem die Frage nach der Anzahl der Marktgebiete – aufgeworfen (Abschnitt 4.3.3). Zum Schluss wird das Vertragspaket der GEODE für den Gashandel in fremden Netzen vorgestellt (Abschnitt 4.3.4).

4.3.1 Das Entry-Exit-System im Basismodell der Bundesnetzagentur

Am 19. Juli 2006 unterzeichneten die Betreiber deutscher Gasversorgungsnetze eine Kooperationsvereinbarung zur Einführung eines einheitlichen Netzzugangsmodells. Demnach konnten **Transportkunden** entscheiden, ob sie auf Grundlage der Zweivertragsvariante oder der Einzelbuchungsvariante Gastransporte abwickeln lassen.[360] Die Verpflichtung zur Anwendung der Einzelbuchungsvariante durch den Beitritt zur Kooperationsvereinbarung des BGW/VKU wurde durch die Bundesnetzagentur untersagt.[361] Demnach schließen die Betreiber deutscher Gasversorgungsnetze mit den Transportkunden zukünftig nur **Einspeise-, Ausspeise- sowie Bilanzkreisverträge** ab.[362] Durch den Einspeisevertrag erhält der Transportkunde das Recht, Gas am Einspeisepunkt einzuspeisen und damit am virtuellen Handelspunkt (VP) bereitzustellen. Der Ausspeisevertrag berechtigt zur Übernahme des Gases am VP und Abgabe des Gases am Ausspeisepunkt beim Endkunden.[363] Zwischen den Betreibern unterschiedlicher Netze werden **Rahmenverträge** über die Abwicklung von Bestellungen von über Netzkopplungspunkten miteinander verbundenen Netzbetreibern geschlossen. Damit werden abgeschlossene Marktgebiete gebildet, in denen für die Durchleitung von Gas (nur) jeweils ein Ein- und Ausspeisevertrag benötigt wird. Außerdem schließen die Netzbetreiber eine Verein-

---

[360] Vgl. *BGW/VKU* (2006b), S. 7.
[361] Vgl. *Bundesnetzagentur* (2006a), S. 1f.
[362] Vgl. *BGW/VKU* (2006b), S. 7.
[363] Vgl. *Brühl/Weissmüller* (2006), S. 23.

barung zur Erzielung der Gleichpreisigkeit der Ausspeiseentgelte ab.[364] Die Transportkunden müssen die gebuchten Kapazitäten bzw. Vorhalteleistungen einem Bilanzkreis zuordnen.[365] Die folgende Darstellung verdeutlicht die Abläufe. Mit der Kooperationsver-

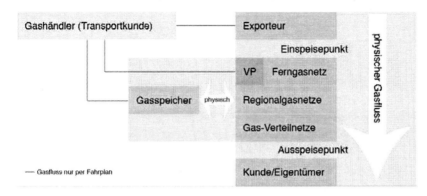

Abbildung 4.3: Gaslieferung nach dem Basismodell der BNetzA[366]

einbarung wurde das vom Gesetzgeber geforderte **Zwei-Vertrags-Modell** umgesetzt. Kern des Modells ist das sog. Basismodell der Bundesnetzagentur. Dazu wird das deutsche Gasversorgungsnetz, ähnlich den Regelzonen auf dem Strommarkt, in Marktgebiete aufgeteilt. Innerhalb eines **Marktgebietes** wird der Transport über Bilanzkreise abgewickelt, die jeweils von einem Bilanzkreisverantwortlichen geführt werden. Die Bilanzierung aller Bilanzkreise erfolgt durch den Bilanzkreiskoordinator. Am Einspeisepunkt bzw. Entry-Punkt wird Gas zur Übernahme in das entsprechende Marktgebiet bereitgestellt. Der Ausspeisepunkt bzw. Exit-Punkt entspricht dem Entnahmepunkt, bspw. durch einen Endkunden. Weiterhin enthält jedes Marktgebiet einen virtuellen Handelspunkt, dem kein physischer Ein- und Ausspeisepunkt zugeordnet ist, über den aber **Gashandelstransaktionen** abgewickelt werden.[367] Die Zuteilung von Ein- und Ausspeisekapazitäten erfolgt nach der zeitlichen Reihenfolge des Eingangs der Zugangsanfragen.[368] Bei Kapazitätsengpässen greift ein Auswahlverfahren mit Versteigerungverfahren, dessen Mehreinnahmen zum Ausbau der Infrastruktur verwendet werden müssen.[369] Für die Nutzung des Gasnetzes wird ein Einspeise- und Ausspeiseentgelt erhoben. Das Entgelt ergibt sich jeweils aus der Strecke vom Entry- bzw. Exitpunkt zum VP. Dabei

---

[364] Vgl. *BGW/VKU* (2006b), S. 7f.
[365] Vgl. *BGW/VKU* (2006b), S. 9.
[366] Quelle: leicht modifiziert übernommen von *Brühl/Weissmüller* (2006), Rn. 94.
[367] Vgl. *GEODE* (2006), S. 2f.
[368] Vgl. *Burmeister* (2006), Rn. 86.
[369] Vgl. *Burmeister* (2006), Rn. 87.

entspricht die **Kosten-/Entgeltwälzung** der kumulierten Weitergabe der veröffentlichten Netznutzungsentgelte von der Ebene des überregionalen Fernnetzbetreibers bis zur Ebene des örtlichen Verteilnetzbetreibers. Die Ausspeiseentgelte sind damit für die Endkunden identisch. Es sind marktgebietsüberschreitende Transporte (MüT) möglich, wobei die überregionalen Ferngasnetzbetreiber (üFNB) als Marktgebietsverantwortliche diesen Prozess untereinander abzuwickeln haben. Durch MüT steigen die Kosten des Gases. Bei Lieferantenwechseln innerhalb eines Marktgebietes ist keine Kapazitätsprüfung nötig. Die IT-Systeme müssen nach § 20 Abs. 1 Satz 4 EnWG massengeschäftstauglich sein und verschiedene Lieferantenwechseloptionen darstellen können. Über die Ausgestaltung der Speichernutzung besteht noch hohe Unsicherheit. Aus- und Einspeisungen sollen über die Bilanzkreise abgerechnet werden, wobei sich die BNetzA für eine vollständige Wirkungsentfaltung aller Speicher im Marktgebiet ausspricht. Zusammenfassend lässt sich sagen, dass das Basismodell eine strikte **Trennung von Transport und Handel** gewährleistet und netzübergreifend Stukturierung und Bilanzausgleich mit Hilfe von Speichern ermöglicht. Um eine Gasbörse zu etablieren, müssen standardisierte Produkte entstehen und ausreichend Liquidität am VP existieren, was beides durch das Basismodell geboten wird.[370] Bei der Analyse der Gasnetzzugangsmodalitäten wird im Folgenden davon ausgegangen, dass die Anforderungen der BNetzA zukünftig im Wesentlichen umgesetzt werden.

4.3.2 Aufteilung der Marktgebiete

Grundlagen der Marktgebiete

Grundlegend für ein Entry-Exit-System ist die Bildung von Marktgebieten durch die üFNB. Ein Marktgebiet wird unter Beteiligung mindestens einer Ferngasgesellschaft gebildet und unterhalten und umfasst alle in ihm befindlichen Netzbetreiber und die angeschlossenen Endkunden. Innerhalb des Markgebietes sind die Netze vertikal und horizontal integriert und es existieren keine Kapazitätsengpässe oder Netzrestriktionen. Innerhalb eines Marktgebietes wird bei physischen Transporten nicht zwischen unterschiedlichen Pfaden unterschieden und dementsprechend ein einheitliches **Netznutzungsentgelt** (NNE) veranschlagt. Der in der Regel bei einem üFNB angesiedelte Marktgebietsverantwortliche (MGV) ist neutral gegenüber allen Netzbetreibern. Innerhalb eines Marktgebietes kann ohne Netzrestriktionen Gashandel betrieben werden und

---

[370] Vgl. *GEODE* (2006), S. 2f.

die Einspeise- und Ausspeisekapazitäten an den Entry- und Exit-Punkten sind unabhängig voneinander nutzbar. Der Wechsel des Lieferanten ist vereinfacht möglich. Ungeklärt sind bisher **Kriterien** für ein Marktgebiet, die mindestens einen Importpunkt in das deutsche Gasnetz vorsehen, sowie substantielle Transportvolumen für die angeschlossenen Bilanzkreise und Zugang zu Speicheranlagen.[371] Die Aufteilung der Marktgebiete soll in einer bundesweiten elektronischen Gasnetzkarte im Internet[372] veröffentlicht werden.[373] Im Anhang befindet sich die Abbildung A.1 der Marktgebiete mit Stand vom September 2006.

Abgrenzung der Marktgebiete

Marktgebiete grenzen sich durch tatsächliche Netzrestriktionen, Kapazitätsengpässe oder gravierende Gasqualitätsunterschiede ab, die nicht anderweitig behoben werden können. Dabei ist von tatsächlichen physischen Kapazitätsengpässen und Engpässen durch die Anwendung der Berechnungsmodelle zu unterscheiden.[374] Da die Möglichkeit besteht, Endkunden zu unterschiedlichen Marktgebieten zuzuordnen, kann es zu einer Wahlmöglichkeit des Endkunden kommen. Der Netzbetreiber kann im Einzelfall den Wechsel des Endkunden aus nachzuweisenden Gründen ablehnen. Dann besteht für den Händler die Möglichkeit der Einrichtung eines Bilanzkreises und Lieferantenwechseln nach dem Rucksack-Verfahren.[375] Um Endkunden Bilanzkreisen zuordnen zu können, wird durch den bisherigen Lieferanten eine **Ausgangszuordnung** aller Endkunden zu Marktgebieten vorgenommen. Dafür gelten folgende Grundsätze:[376]

1. Jeder **Ausspeisepunkt** ist stets einem Marktgebiet zugeordnet.

2. Bei der Zuordnung wird der bisherige Lieferant/Händler durch den **Netzbetreiber** unterstützt.

3. Grundsätzlich sind später **Marktgebietswechsel** im Rahmen vorhandener Kapazitäten möglich.

---

[371] Vgl. *Brühl/Weissmüller* (2006), S. 12ff.
[372] Bisher gibt es bspw. eine Darstellung auf den Seiten des BGW.
[373] Vgl. *Brühl/Weissmüller* (2006), S. 15.
[374] Vgl. *Brühl/Weissmüller* (2006), S. 16.
[375] Vgl. *Brühl/Weissmüller* (2006), S. 16.
[376] Vgl. *Brühl/Weissmüller* (2006), S. 16ff.

Die Angabe der Endkundenzuordnung muss für interessierte Parteien (Endkunden, potentielle Lieferanten) transparent sein und ist bekannt zu machen.[377] Eine eindeutige netzhydraulische Zuordnung wird aufgrund des festgestellten technisch-physikalischen Lastflusses durchgeführt. Ist dies nicht möglich, so wird auf Basis der bestehenden Lieferverträge zugeordnet. Können Kunden durch beide Verfahren nicht zugeordnet werden, findet die so genannte ratierliche Zuordnung Anwendung, bei der Kundengruppen entsprechend der prozentualen Anteile der Marktgebiete aufgeteilt werden, jeder einzelne Anschluss dabei aber einem bestimmten Marktgebiet zugerechnet wird.[378] Von regionaler Ebene aus werden nachgelagerte örtliche Verteilnetze als Kundengruppe aufgefasst und entsprechend behandelt. Verantwortlich für die Führung und Verwaltung der **Datenbanken** hinsichtlich der Zuordnung und Ansprechpartner neuer Lieferanten für Informationen über Kundenzuordnungen, und für die Prüfung, ob ein Wechsel einer Entnahmestelle zu einem anderen Marktgebiet möglich, ist sind die Netzbetreiber.[379]

4.3.3 Klärungsbedürftige Punkte im Basismodell

Da zum aktuellen Zeitpunkt widersprüchliche Meinungen zwischen BNetzA, GEODE und Verbraucherverbänden einerseits und BGW/VKU andererseits zur Ausgestaltung des Entry-Exit-Systems vorgetragen werden, stehen die folgenden Punkte noch zur Diskussion.[380] Da das EnWG grundsätzlich **ein deutschlandweites Marktgebiet** für ausreichend erachtet, ist mit der Benennung von 16 Marktgebieten durch BGW/VKU lediglich eine Minimalforderung der BNetzA erfüllt. Ob eine Legitimität von nachgelagerten Marktgebieten – also üFNB ohne eigene Netzinfrastruktur als MGV – besteht, ist unklar, da dadurch die Anzahl der VP steigt und somit die Liquidität im Gasmarkt gesenkt wird. Durch **mangelnde Liquidität** wird aber die Entstehung von Gashandelsplätzen und Markttransparenz verhindert. Außerdem ist die Transparenz bei der Trennung von Handelsware und Transport nicht mehr möglich, weil die Kosten-/Entgeltwälzung nicht mehr bis zum Importpunkt nach Deutschland auf der Ebene des üFNB erfolgt. Unklar sind außerdem die **Informationspflichten** beim Marktgebietswechsel im Hinblick auf Kapazitätsprüfung, Bilanzkreiszuordnung und Entgeltwälzung. BGW/VKU haben es bisher versäumt, praktikable Umsetzungsabläufe beim Ablauf und der Gestaltung der **Lieferantenwechselprozesse** festzulegen. Hier könnte auf Erfahrungen aus dem

---

[377] Vgl. *Brühl/Weissmüller* (2006), S. 20.
[378] Vgl. *Brühl/Weissmüller* (2006), S. 16ff.
[379] Vgl. *Brühl/Weissmüller* (2006), S. 20.
[380] Vgl. zu den folgenden Ausführungen *GEODE* (2006), S. 4ff.

Strombereich zurückgegriffen werden. Ob nachgelagerte Bilanzkreise notwendig sind ist ebenso fraglich, wenn es auch von BGW/VKU betont wird.[381]

4.3.4 Das Vertragspaket der GEODE

Aufgrund der gesetzlichen Verpflichtung der Gasversorgungsunternehmen zur gegenseitigen Kooperation, ist es bei Nicht-Unterzeichnung der Kooperationsvereinbarung des BGW/VKU nötig, alternative Abkommen zu treffen. Dazu bietet die GEODE ein Vertragspaket an. Die Kooperationsvereinbarung der GEODE ist als bilateraler Vertrag ausgestaltet, den jeweils zwei Betreiber eines gemeinsamen Netzkopplungspunktes miteinander abschließen. Die Vereinbarung besteht aus einem Netznutzungs- und einem Netzkopplungsteil. Darüber hinaus werden von der GEODE weitere Musterverträge angeboten: Einspeisevertrag, Ausspeise(rahmen)vertrag und Bilanzkreisvertrag. Problematisch ist die Anwendung der Musterverträge, da sie auf der GEODE-Kooperationsvereinbarung beruhen. Diese wird jedoch von den vorgelagerten Netzberteibern abgelehnt. Ohne deren Unterzeichnung fehlt den Musterverträgen allerdings die Grundlage.[382] Nach dieser Übersicht über das **Entry-Exit-System der BNetzA** im Allgemeinen und bestehende Probleme, wird im Abschnit 4.4 nun auf dessen Anwendung in der Praxis Bezug genommen.

4.4 Umsetzung des Basismodells der Bundesnetzagentur

Innerhalb des Kapitels der Unternehmensfunktionen und -prozesse im liberalisierten Gashandel ist die Umsetzung des Basismodells der BNetzA besonders wichtig. Zwar sind einige Aspekte der Prozesse dem Stromhandel angelehnt, trotzdem besteht bei der Durchführung des Gashandels auf dieser Grundlage Unsicherheit. Im Folgenden wird daher auf **Bilanzkreise und virtuelle Handelspunkte** (Abschnitt 4.4.1), **Bilanzkreiskoordinierung** (Abschnitt 4.4.2), die Abwicklung von **Gastransporten** innerhalb und über Marktgebiete hinweg (Abschnitt 4.4.3), den Prozess des **Lieferantenwechsels** (Abschnitt 4.4.5), Aspekte der **Speichernutzung** (Abschnitt 4.4.6), sowie die

---

[381] Vgl. *GEODE* (2006), S. 4f.
[382] Vgl. *GEODE* (2006), S. 7.

Ausgestaltung von **Lieferverträgen** und das Konzept von **EFET-Rahmenverträgen** (Abschnitt 4.4.7) eingegangen. Zum Schluss folgt eine Darstellung der **Marktgebiete** in Deutschland (Abschnitt 4.4.8) und ein Ausblick mit **Handlungsempfehlungen** (Abschnitt 4.4.9).

4.4.1 Bilanzkreis und virtueller Handelspunkt

Der Bilanzkreis im Entry-Exit-System ist analog zur Bilanzkreissystematik im Strombereich zu verstehen[383], und dient dem Zweck, die Abweichungen zwischen Einspeisungen und Entnahmen durch eine Zusammenfassung von Entry- und Exit-Punkten im Marktgebiet festzustellen und zu minimieren. Der **Marktgebietsverantwortliche** (MGV) hat die Aufgabe, das Bilanzkreissystem bereitzustellen, zu führen und zu koordinieren. Das umfasst die Bildung, Abwicklung und Abrechnung aller transportierten Gasmengen im Marktgebiet und die Einstellung der benötigten Gasmengen in den Bilanzkreis. Dafür schließt er die notwendigen entgeltpflichtigen Einspeiseverträge mit Anbietern von **Regelenergie** ab. Der MGV schließt mit dem Bilanzkreisverantwortlichen (BKV) einen Bilanzkreisvertrag ab. Der BKV benötigt einen **Bilanzkreisvertrag** für den Transport von Gas innerhalb eines und zwischen verschiedenen Marktgebieten und für die Belieferung von Endkunden.[384] Der Virtuelle Handelspunkt (VP) wird durch das Marktgebiet mit seinen Bilanzkreisen und dem dazugehörigen Bilanzkreissystem sowie den in diesem Marktgebiet gegebenen Handelsmöglichkeiten gebildet.[385] Am **VP** wird Gas gehandelt, wobei die Abrechnung über Bilanzkreise erfolgt. Da für den Handel von Gas am VP keine gesonderte Buchung von Kapazitäten erforderlich ist, manifestiert sich hier die strikte Trennung kommerzieller Handelsaktivitäten und physischer Transporte. Der MGV richtet den VP ein und betreibt ihn, was bedeutet, dass er das Bilanzkreissystem unterhält, den Handel unterstützt, die Kosten-/Entgeltwälzung durchführt, Regel- und Ausgleichsenergie bereitstellt und den Eigentumsübergang des Gases unterstützt.[386] Von der BNetzA ist die **Veröffentlichung** aller freien Kapazitäten bis zum VP durch die Netzbetreiber und der entsprechenden Transportkosten gefordert. Da der Handel zwischen VP in verschiedenen Marktgebieten nur durch physische Engpässe eingeschränkt werden kann, die vom Netzbetreiber nachzuweisen sind, ist er bis zur Höhe der freien Kapazitäten unbegrenzt möglich.[387]

---

[383] Vgl. *EnWG* (2005), § 3 Abs. 10a.
[384] Vgl. *Brühl/Weissmüller* (2006), S. 20.
[385] Vgl. *Brühl/Weissmüller* (2006), S. 25.
[386] Vgl. *Brühl/Weissmüller* (2006), S. 20.
[387] Vgl. *Brühl/Weissmüller* (2006), S. 20.

4.4.2 Bilanzkreiskoordinierung

Das Bilanzkreissystem ist das zentrale Element des Energiehandels im liberalisierten deutschen Energiemarkt. Es ermöglicht einen regelzonenübergreifenden Zugang zu den Übertragungsnetzen, ohne die Erforderlichkeit eines zusätzlichen Abschlusses von Netznutzungsverträgen für einzelne Netzebenen. Ein Bilanzkreis ermöglicht die **Zusammenfassung** einer Vielzahl von Einspeisungen und Ausspeisungen. Durch diese Saldierung minimiert sich die Gesamtabweichung, was den Bedarf an Ausgleichsenergie reduziert.[388] Die Einrichtung erfolgt durch Abschluss eines Bilanzkreisvertrages.[389] Die Abwicklung des **Bilanzausgleichs** erfolgt anhand eines Normierungsverfahren, bei dem der jeweilige Transportkunde gegenüber den Netzbetreibern die beabsichtigte Inanspruchnahme von Kapazitäten anzumelden hat.[390] Der Gastransport erfolgt auf der Basis von Fahrplänen und Lastprofilen: Vorab werden Fahrpläne an den MGV/BKK übermittelt. Danach werden auf Basis gemessener oder synthetischer Lastprofile die Endkundenbelieferungen abgerechnet. Im Gegensatz zu analytischen **Lastprofilen** werden synthetische Lastprofile vor der Lieferung an den Kunden per Simulation festgelegt. Unterschiedliche Kundengruppen werden dabei durch zeitliche Verläufe des Verbrauchs in der Vergangenheit oder aktuelle Verbrauchsmessungen berücksichtigt. Beide Verfahren machen die kostenintensive Lastgangzählung überflüssig.[391] Innerhalb bestimmter Toleranzgrenzen erfolgt der Bilanzauskreis unentgeltlich. Darüber hinaus ist ein erweiterter Bilanzausgleich durch die Betreiber von Fernleistungsnetzen und regionalen Verteilnetzen diskriminierungsfrei anzubieten.[392] Benötigte Gasmengen werden durch den BKV in seinen Bilanzkreis mit Hilfe von Gasimporten, Übertragungen aus einem anderen Bilanzkreis oder Ausspeisungen aus einem Speicher eingebracht. Die Bereitstellung von **Regelenergie** obliegt dem MGV.[393] Die Beschaffung von Regelenergie muss nach noch festzulegenden, transparenten Kriterien durch Ausschreibungen erfolgen. Dabei könnte die Nutzung von Speichern eine wirtschaftlich profitable Option für Gasversorgungsunternehmen (GVU) darstellen. Gemäß EnWG ist die bisherige asymmetrische Kostenstruktur zwischen Mengeninanspruchnahmen über und unter Fahrplananmeldungen nicht diskriminierungsfrei und wettbewerbsorientiert.[394] Der BKV kann wirtschaftliche Chancen nutzen, indem er vor dem Ausgleich der Bilanzkreise durch den MGV den Ausgleichsbedarf des von ihm

---

[388] Vgl. *Burmeister* (2006), Rn. 92.
[389] Vgl. *Burmeister* (2006), Rn. 126.
[390] Vgl. *Burmeister* (2006), Rn. 128.
[391] Vgl. *Brühl/Weissmüller* (2006), S. 22.
[392] Vgl. *Burmeister* (2006), Rn. 129.
[393] Vgl. *Brühl/Weissmüller* (2006), S. 22.
[394] Vgl. *Brühl/Weissmüller* (2006), S. 23.

geführten Bilanzkreises minimiert.[395]

4.4.3 Transporte innerhalb eines Marktgebietes

Belieferung über Bilanzkreise

Durch die Bildung von Kooperationen zwischen GVU zur Führung gemeinschaftlicher Bilanzkreise kann der Regelenergieaufwand durch Verminderung des Abwicklungsaufwandes in zentralen Bereichen optimiert werden. Allerdings muss jedes Marktgebiet jeweils einen Bilanzkreis aufweisen.[396] **Fahrpläne** werden genutzt, um Umbuchungen zwischen den Bilanzkreisen anzumelden. Diese werden gegenüber dem beteiligten BKK angemeldet und müssen unentgeltlich sein.[397] Auch Geschäfte zwischen verschiedenen Bilanzkreisen innerhalb eines Marktgebietes werden vom Gesetzgeber auf unentgeltlicher Basis gefordert, da sie ohne Kapazitätsbeschränkungen durchführbar sein müssen.[398] Bei marktinterner Belieferung über Bilanzkreise fallen keine Einspeiseentgelte an, da sich das Gas bereits in einem Marktgebiet befindet. Bei Geschäften zwischen Bilanzkreisen unterschiedlicher Marktgebiete können Kapazitätsrestriktionen auftreten, die eine Entgeltpflicht ermöglichen.[399]

Organisatorische Abwicklung

Um nach EnWG transparent und diskriminierungsfrei abzuwickeln, kommt es vor allem auf die **Gleichbehandlung** der Kunden an. Innerhalb eines Marktgebietes erfolgt die Bestellung jährlich saldiert entgegen der Flussrichtung des Gases. Je nach Höhe der Energiemengen sind bestimmte Endkunden mit einer registrierenden Leistungsmessung auszurüsten oder sind Standardlastprofile und Jahresverbrauchsprognosen auszuweisen. In letzterem Fall muss der Netzbetreiber eine Wetterstation als Bezugspunkt für Temperaturprognosen festlegen.[400] Die **Vorhalteleistung** entspricht der maximalen Jahreshöchstlast bezogen auf den Exit-Punkt. Der Lieferant gibt vor der Belieferung

---

[395] Vgl. *Brühl/Weissmüller* (2006), S. 26.
[396] Vgl. *Brühl/Weissmüller* (2006), S. 24.
[397] In der Kooperationsvereinbarung wird dies falscherweise anders dargestellt. Vgl. *Brühl/Weissmüller* (2006), S. 25.
[398] Vgl. *Brühl/Weissmüller* (2006), S. 25.
[399] Vgl. *Brühl/Weissmüller* (2006), S. 25.
[400] Vgl. *Brühl/Weissmüller* (2006), S. 26f.

des Endkunden folgende Informationen an den Netzbetreiber, aus dessen Netz das Gas ausgespeist wird, weiter:

- **Stammdaten** des Endkunden, um ihn eindeutig zuordnen und die abwickeln zu können.

- Zuordnung der **Abnahmegruppe** bei Standardlastprofilen bzw. entsprechende Messdaten zur Bestimmung der Vorhalteleistung.

- Zuweisung des dem Exit-Punktes zugeordneten **Bilanzkreis**.

- Zuweisung des beliefernden **Marktgebietes**.

Grundlage zur Optimierung der Handelsprozesse und der **Massentauglichkeit** ist die elektronische Abwicklung dieses Informationsaustausches. [401] Bei den Abrechnungsmodalitäten wird sich die BNetzA bei der konkreten Ausarbeitung an den Vorgaben der Dum-Richtlinie im Strombereich orientieren. [402]

4.4.4 Marktgebietsüberschreitender Transport

Grundlegend für marktgebietsüberschreitende Transporte ist die **Kooperationspflicht** der Netzbetreiber beim Transport vom VP des abgebenden Netzbetreibers bis zum VP des aufnehmenden. Um einen MüT durchführen zu können, müssen freie Kapazitäten in Transportrichtung bestehen. In Überlappungsbereichen der Marktgebiete wird es in nachgelagerten Netzen zu MüT kommen. Obwohl grundsätzlich der Handel zwischen Marktgebieten nicht mit Restriktionen behaftet ist, kann es beim physischen MüT von Gas an den **Netzkopplungspunkten** verschiedener MGV zu Schwierigkeiten kommen, die dann vom Netzbetreiber transparent dargestellt werden müssen. Abschließend wurde das von der BNetzA noch nicht geklärt. Die GEODE fordert, dass an Netzkopplungspunkten zwischen Marktgebieten auch im Falle von Engpässen keine Entgelte anfallen dürfen. Im Gegenteil ist es die Pflicht des Netzbetreibers, Kapazitäten entsprechend des Bedarfs zur Verfügung zu stellen. **Engpässe** sollen nur als solche bezeichnet werden dürfen, wenn ein tatsächlich physikalisch-technische Einschränkungen vorliegen.[403] Anfallende Kosten für den MüT erhöhen die Kosten der Handelsware Gas und unter-

---

[401] § 37 Abs. 2 und 3 GasNZV
[402] Vgl. *Brühl/ Weissmüller* (2006), S. 16ff.
[403] Vgl. *Brühl/ Weissmüller* (2006), S. 29f.

liegen nicht der Kosten-/Entgeltwälzung. Wird der MüT als Verbindung zwischen zwei Marktgebieten auf der regionalen oder örtlichen Ebene genutzt, um auf diesen Ebenen Austauschkapazitäten zu verwenden und einen Transport zwischen zwei Marktgebieten zu vollziehen, wird dies als **vertikaler Transport** bezeichnet. Dafür muss der öffentliche Verteilnetzbetreiber (öVNB) meist an zwei oder mehr üFNB angeschlossen sein.[404]

4.4.5 Lieferantenwechsel

Bei der Umsetzung des Lieferantenwechsels wird in Anlehnung an die Vorgaben aus dem Strommarkt (VV Strom II) vorgegangen. § 20 Abs. 1 Satz 4 EnWG besagt, dass die genutzten IT-Systeme massengeschäftstauglich sein müssen. Die BNetzA schreibt vor, dass Lieferantenwechsel innerhalb eines Marktgebietes ohne Kapazitätsprüfung, einfach durch An- und Abmeldung des Endkunden beim Netzbetreiber erfolgt. Das EDIFACT-Datenformat mit wenigen Anpassungen erscheint dafür prädestiniert.[405] Zur **Massengeschäftstauglichkeit** zählt die Veröffentlichung der Geschäftsbedingungen für den Gastransport, netzbezogener Daten und netznutzungsrelevanter Informationen durch die Netzbetreiber.[406] Um bei der Abwicklung, bei der Identifizierung von Lieferstellen und beim Energiedatenmanagement Synergieeffekte zu erzielen, sollten Wechselprozesse aus dem Strombereich angewendet werden.[407] Vor dem Lieferantenwechsel muss der **Netzzugang** organisiert werden, also die Vergabe von Messstellenbezeichnungen, die Festlegung des Lastprofilverfahrens und die Ausgabe von Musterverträgen. Zur operativen Durchführung des Netzzuganges müssen Kapazitätsanfragen geklärt, Kapazitäten verwaltet und vergeben werden. Nach dem Lieferantenwechsel wird der Gastransport abgewickelt, ein Messdatenmanagement und Datenaufbereitung betrieben sowie der Netzzugang geklärt.[408] Hat ein Endkunde den Lieferantenwechsel initiiert, wird zwischen dem neuen Lieferanten und dem Endkunden ein **Gasliefervertrag** geschlossen. Sollte der bisherige Gasvertrag noch nicht gekündigt worden sein, kann dies mit einer Vollmacht der neue Lieferant übernehmen. Der neue Lieferant schließt mit dem öVNB eine Ausspeisevertrag und meldet die Messstelle des Endkunden spätestens einen Monat vor dem beabsichtigten Beginn der Lieferung an. Der Altlieferant meldet sie ab. Beide Lieferanten tragen dafür Sorge, dass der BKV die Zählernummer (Zählpunktbezeichnung) und Name oder Firma des Endkunden sowie Adresse der Entnahmestelle oder Name und Kundennum-

---

[404] Vgl. *Brühl/Weissmüller* (2006), S. 31.
[405] Vgl. *Brühl/Weissmüller* (2006), S. 37.
[406] §§ 19, 20, 21 *GasNZV*, § 27 *GasNEV*.
[407] Vgl. *Brühl/Weissmüller* (2006), S. 37.
[408] Vgl. *Brühl/Weissmüller* (2006), S. 38.

mer des bisherigen Lieferanten und Name oder Firma des Endkunden sowie Adresse der Entnahmestelle enthält. Für Stornierungen und Rückabwicklungen dieser Prozesse, z.b. weil sich der Lieferantenwechsel zeitlich verzögert, sind massengeschäftstaugliche, also einfache, transparente, standardisierbare und automatisierbare Verfahren zu implementieren.[409] Sollte ein Lieferantenwechsel mit einer **Kapazitätserhöhung** verbunden sein, muss dies vom betroffenen Netzbetreiber durch eine Kapazitätsprüfung, die den Vergleich von Lastprofilen und Lastgängen bisheriger Endkunden mit dem neuen Kapazitätsbedarf einschließt, abgesichert werden. Ungenutzte saldierte Kapazitäten, die auf der Basis der Differenz zwischen installierter und gebuchter Kapazität zum vorgelagerten Netz errechnet werden,[410] können für Lieferantenwechsel in ein anderes Marktgebiet genutzt werden. Dafür wird ein internes Bestellverfahren zwischen den Netzbetreibern für alle Mengen benötigt. Zusammenfassend können folgende **Lieferantenwechselprozesse** unterschieden werden:[411]

1. Lieferantenwechsel im **gleichen Marktgebiet** sind unproblematische Standardprozesse ohne Kapazitätsprüfung.

2. Zwischen **verschiedenen Marktgebieten** ist beim Lieferantenwechsel eine Kapazitätsprüfung gegebenenfalls bis zum VP des MGV durchzuführen.

3. Im Ausnahmefall eines Marktgebietswechsels **ohne Lieferantenwechsel** aufgrund unzureichender Netzkopplungskapazitäten oder neuer Beschaffungsoptionen des Lieferanten ist analog zu Fall zwei vorzugehen.

Damit ist die Darstellung der grundlegenden Vorgänge beim Wechsel des Gasanbieters abgeschlossen.

4.4.6 Einbindung von Gasspeichern

Um den Wettbewerb auf dem deutschen Gasmarkt voranzubringen, ist die Einbindung von Speichern in das Entry-Exit-System von großer Bedeutung. Denn sie sind die **Voraussetzung** für strukturierte Beschaffung und eine Möglichkeit zur Senkung des Preisrisikos. Sie sind nutzbar für die Verwendung von Regel- und Ausgleichsenergie und sie

---

[409] Vgl. *Brühl/Weissmüller* (2006), S. 38.

[410] Auch möglich ist die Ermittlung auf Basis historischer Lastflüsse und der von Netzbetreibern bestellten maximalen Kapazitäten zum vorgelagerten Netz.

[411] Vgl. *Brühl/Weissmüller* (2006), S. 39.

wirken netzentlastend und damit versorgungssicherheitssteigernd. Außerdem dienen sie zur Unterstützung der Netzführung auf der Verteilnetzebene oder beim Engpassmanagement. Des Weiteren senken sie die Regelenergiekosten und öffnen ein Geschäftsfeld für Speicherbetreiber.[412] Durch Speicher vermiedene Netzkosten der vorgelagerten Netze könnten in die Kosten-/Entgeltwälzung transparent einbezogen werden. Nach GEODE-Ansicht ist für die **Ausspeisung** von Gas aus dem Netz in den Speicher ausschließlich ein Ausspeiseentgelt zu zahlen.[413] Im Basismodell kann die Einbindung von Speichern einfach durch einen Abschluss beider Zugangsverträge sowie eines Speichervertrags, der die Kapazität und die Einspeicher- und Ausspeicherleistung bucht, abgewickelt werden.[414]

4.4.7 Lieferverträge und EFET-Rahmenverträge für physischen Handel

Entsprechend den Wertschöpfungsstufen kann man bei der **Vertragsgestaltung** zwischen Erzeugung, Handel und Vertrieb unterscheiden. Außerdem kann nach Händlern, Weiterverteilern, Industriekunden und Haushalts- und Gewerbekunden unterschieden werden. Will man nach Produkten differenzieren, so kann man dies analog zum Stromhandel nach Grundlast, Spitzenlast und Reserveleistung tun. Neben Bezugs- und Absatzverträgen sind vertragliche Vereinbarungen über den Netzzugang zu treffen.[415] Die Rahmenbedingungen werden dabei vor allem durch Vertrags-/Schuldrecht sowie Kartell- und Energierecht gebildet. Sollte der Händler als reiner Mittler ohne eigenes Risiko tätig sein, behält der Lieferant ein unmittelbares Rechtsverhältnis mit dem endverbrauchenden Kunden.[416] Das **EFET** General Agreement Concerning the Delivery and Acceptance of Natural Gas wurde von einem Arbeitskreis der European Federation of Energy Traders (EFET) entwickelt. Der Vertrag wurde so verfasst, dass er den Handeln an jedem beliebigen Lieferort in Europa regeln kann.[417] Durch die umfassenden Regelungen stellt er die nötige Transparenz für den internationalen Kreis seiner Adressaten her.[418] Der EFET-Gas Rahmenvertrag sieht eine Wahlmöglichkeit zwischen deutschem und englischem Recht vor.[419] Auf dem europäischen Kontinent orientieren sich die meisten Hub-

---

[412] Vgl. *Brühl/Weissmüller* (2006), S. 40.
[413] Vgl. *Brühl/Weissmüller* (2006), S. 38f.
[414] *Powernews* (2006d), Vgl..
[415] Vgl. *Röhling* (2005), Rn. 1.
[416] Vgl. *Röhling* (2005), Rn. 2.
[417] Vgl. *Liesenhoff* (2005), Rn. 1f.
[418] Vgl. *Liesenhoff* (2005), Rn. 3.
[419] Vgl. *Liesenhoff* (2005), Rn. 4.

Betreiber an den Regelungen des EFET-Gas Rahmenvertrages.[420] Die Rahmenverträge sind auf Unternehmen zugeschnitten, die als Käufer und Verkäufer auf dem Großhandelsmarkt auftreten. Als **Großhandel** bezeichnet man hier einen Handel mit Gas zwischen Erzeugern und Weiterverteilern. Die zugrunde liegende Motivation kann eine Absicherung bestehender Positionen oder rein spekulativer Natur sein (auch risikofreie Arbitrage durch überlegene Marktkenntnis). Damit tragen Händler zur Liquidität, gesteigerten Markttransparenz und Verknüpfung regionaler Märkte bei.[421] Der Rahmenvertrag begründet allerdings keine Liefer-, Abnahme-, Zahlungs- oder sonstige Pflichten. Diese entstehen erst durch den Abschluss eines **Handelsgeschäfts**.[422] Die Dokumente bestehen aus einem Hauptteil, einer so genannten Anpassungsvereinbarung und den Anlagen, evtl. einem Besicherungsanhang und Hub-spezifische Anhänge für TTF, PEG und PSV. Durch Anhänge für EU-Allowances kann eine Grundlage für Handel mit CO_2-Zertifikaten geschaffen werden.[423] Das **Hauptdokument** lässt sich in zwei Gruppen unterteilen: Regelungen für Einzelverträge und den eigentlichen Rahmenvertrag. Die erste Gruppe regelt allgemeine Bedingungen für Einzeltransaktionen, wie Zustandekommen und Bestätigen von Einzelverträgen, Hauptpflichten aus Einzelverträgen und Leistungsstörungen. Der zweite Teil enthält Regelungen zum Rahmenvertrag, wie Beendigung des Rahmenvertrages und ihre Rechtsfolgen, Stellung von Sicherheiten und Vertragsübertragung.[424]

4.4.8 Die Aufteilung des deutschen Gashandelsgebietes

Der Gasnetzzugang durch nur zwei Verträge und zwei Kapazitätsbuchungen wird im ersten Schritt nur **innerhalb** von Marktgebieten umfassend umgesetzt. Dazu werden die bundesweiten Gasversorgungsnetze in momentan 16 Marktgebiete untergliedert. Durch die Einrichtung virtueller Handelspunkte soll Gashandel auch über Marktgebietsgrenzen hinweg ermöglicht werden.[425] Ursprünglich hatten BGW und VKU zunächst 28 Marktgebiete vorgesehen, obwohl Ende Januar mit der Bundesnetzagentur höchstens zwanzig vereinbart worden waren. Die konnte durch intensive Gespräche eine Reduzierung der Marktgebiete auf erst 19 und mittlerweile 16 erreichen. Die Notwendigkeit einer weiteren Reduzierung bleibt prinzipiell erhalten. Konkret sieht die **Aufteilung der Marktgebiete** folgendermaßen aus: Von den 19 Marktgebieten entfielen ursprünglich vier auf

---

[420] Vgl. *Liesenhoff* (2005), Rn. 6.
[421] Vgl. *Liesenhoff* (2005), Rn. 7.
[422] Vgl. *Liesenhoff* (2005), Rn. 8.
[423] Vgl. *Liesenhoff* (2005), Rn. 9f.
[424] Vgl. *Liesenhoff* (2005), Rn. 15ff.
[425] Vgl. *Energie Chronik* (2007d).

E.ON Ruhrgas und jeweils drei auf RWE und Wingas. Diese wurden mittlerweile teilweise zusammengelegt. Die übrigen sind mit dem Netz des Netzbetreibers identisch:[426]

- Bayerngas GmbH: Marktgebiet Südbayern

- BEB Transport GmbH & Co. KG, Dangas GmbH Regiegesellschaft und Statoil Deutschland GmbH (FN): Marktgebiet H-Gas Nord

- BEB Transport GmbH & Co. KG und ExxonMobil Gastransport Deutschland GmbH: Marktgebiet L-Gas Nord

- E.ON Ruhrgas Transport AG & Co. KG (ERT): Marktgebiet H-Gas Nord / Marktgebiet H-Gas Mitte / Marktgebiet H-Gas Süd / Marktgebiet L-Gas

- Erdgas Münster Transport GmbH & Co. KG: Marktgebiet EGMT

- EWE AG: Marktgebiet Verbundnetz Ems-Weser-Elbe

- Gas-Union Transport GmbH Co. KG: Marktgebiet Gas-Union

- Gaz de France Deutschland Transport GmbH: Marktgebiet der Gaz de France Deutschland Transport

- Gasversorgung Süddeutschland GmbH und Eni Gas & Power Deutschland S.P.A: Marktgebiet GVS-ENI

- ONTRAS – VNG Gastransport GmbH: Marktgebiet ONTRAS

- RWE Transportnetz Gas GmbH: Marktgebiet RWE I (H-Gas Nord) / Marktgebiet RWE II (L-Gas West) / Marktgebiet RWE III (H-Gas Süd)

- WINGAS TRANSPORT GmbH & Co. KG: Marktgebiet WINGAS TRANSPORT I / Marktgebiet WINGAS TRANSPORT II / Marktgebiet WINGAS TRANSPORT III

Die Abbildungen 4.4 und 4.5 zeigen beispielhaft die Marktgebiete RWE West für niederkalorisches bzw. hochkalorisches Erdgas. Es bleibt abzuwarten, wie schnell sich die

---

[426] Vgl. *Energie Chronik* (2006).
[428] Quelle: leicht modifiziert übernommen von *Energie Chronik* (2007b).
[428] Quelle: leicht modifiziert übernommen von *Energie Chronik* (2007a).

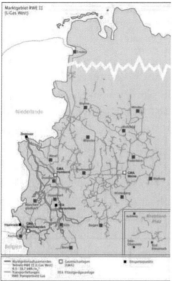

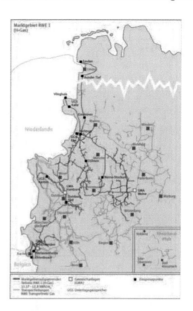

Abbildung 4.4: RWE West 2[427]   **Abbildung 4.5:** RWE West 1[428]

Marktgebiete weiter reduzieren. [429] Die **Bundesnetzagentur** drängt jedenfalls auf eine baldige Verringerung der umstritten hohen Anzahl.[430] An dieser Stelle soll noch kurz auf **technische Hemmnisse** für den Gashandel hingewiesen werden. Das können beispielsweise Leitungsengpässe, begrenzt freie Gasmengen, verschiedene Gasqualitäten und nicht gekoppelte Gasnetze sein. Leitungsengpässen aufgrund von geringen Kapazitäten auf dem Fern- und Regionalgasmarkt kann z.B. durch Druckerhöhung oder durch Gasspeichermaßnahmen begegnet werden. Auf der Endverteilungsebene sind solche Kapazitätszuteilungen nicht immer möglich. Man könnte aber mit virtuellen Netzkopplungspunkten Abhilfe schaffen, bei denen das Gas nicht physisch sondern lediglich vertraglich ein- bzw. ausgespeist wird. Die technischen Hemmnisse kann man insgesamt mit angemessen hohen Investitionen überwinden.[431]

---

[429] Im Anhang befindet sich dazu als Abbildung A.3 eine Karte aller Marktgebiete des E.On Ruhrgas-Konzerns.
[430] Vgl. *Energie Chronik* (2007d).
[431] Vgl. *Rügge* (1995), S. 46f.

4.4.9 Handlungsempfehlungen für die Umsetzung des Basismodells

Die Einführung des Entry-Exit-Systems bietet ein großes **kommerzielles Potential** für Gasversorgungsunternehmen.[432] Zuerst sollte eine Kundenzuordnung zu den Marktgebieten und Bilanzkreisen stattfinden. Dazu sind die beschriebenen Vorgaben von den Netzbetreibern durchzuführen. Des Weiteren sind die Kosten/Entgelte für Kapazitäten vom VP bis zum Ausspeisepunkt zu veröffentlichen. Es sollten Lastprofile für Kunden genutzt werden und zur Entgeltwälzung, des Austausches von Daten und der Bestellung von Kapazitäten auf Basis des Vorjahres sollte eine Kontaktaufnahme mit vorgelagerten Netzbetreibern stattfinden.[433] Primär sollten bestehende **Lieferverträge** auf ihre wirtschaftlichen und rechtlichen Grundlagen geprüft werden. Im Falle bestehender City-Gate-Verträge sind Anpassungen des Vertrages mit dem Vorlieferanten zu vereinbaren. Der Gaspreis und die Zahlungsströme müssen hier in den Preis der strukturierten Lieferung bis zum City-Gate und den Transport vom VP bis zum City-Gate aufgeteilt werden.[434] Verschiedene Optionen der **Bilanzkreisbildung** sind auf ihre wirtschaftlichen Potentiale zu prüfen. Daneben müssen die Marktteilnehmer Implementierungs- und Abwicklungsgrundlagen für das Bilanzkreismanagement erarbeiten. Die Bedarfsanalyse und Prognosefähigkeit wird im liberalisierten Gashandel eine wichtige Rolle spielen. Hier sind ebenso Kompetenzen zu entwickeln, wie beim Aufbau **alternativer Beschaffungsstrukturen** und Kooperationen mit Dienstleistern. Kommerzielles Speichermanagement eigener und externer Anlagen ist eine weitere zu besetzende Wertschöpfungsstufe.[435] Innerhalb dieser Prozesse liegt **Wertschöpfungspotential** gegenüber den monopolistischen Bedingungen der früheren Gaswirtschaft. Der Gashandel kann sich dabei auch am Handel mit Strom orientieren.[437] Abbildung 4.6 fasst noch einmal die wesentlichen **Anforderungen** an Gashändler, die mit Hilfe des Basismodells der BNetzA am Markt tätig werden wollen, schlagwortartig zusammen. Zu diesen kommen die Rahmenbedingungen für **Handelseinheiten**, wie sie im Abschnitt 4.2 beschrieben wurden, hinzu. Das Angebot derivativer Finanzinstrumente in Verbindung mit einer intensiven Kundenbetreuung[438] scheinen interessante Ansatzpunkte für neue Geschäftsfelder. Der Anteil von LNG am globalen Gasmarkt beträgt derzeit rund zehn Prozent. Hier liegt laut Experten

---

[432] Vgl. *Brühl/Weissmüller* (2006), S. 77.
[433] Vgl. *Brühl/Weissmüller* (2006), S. 63.
[434] Vgl. *Brühl/Weissmüller* (2006), S. 75.
[435] Vgl. *Brühl/Weissmüller* (2006), S. 77ff.
[436] Quelle: Eigene Darstellung.
[437] Vgl. *Dunker* (2005), S. 26f.
[438] Vgl. dazu Kapitel 5

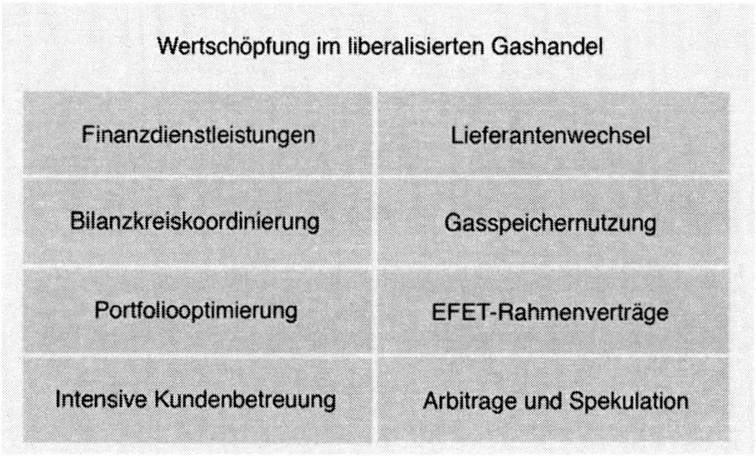

Wertschöpfung im liberalisierten Gashandel	
Finanzdienstleistungen	Lieferantenwechsel
Bilanzkreiskoordinierung	Gasspeichernutzung
Portfoliooptimierung	EFET-Rahmenverträge
Intensive Kundenbetreuung	Arbitrage und Spekulation

Abbildung 4.6: Wertschöpfungspotential bei der Umsetzung des Basismodells[436]

ebenfalls großes Potential.[439]

---

[439] Vgl. *Billina* (2007), S. 42f.

5 Theoriegeleitete empirische Ableitung von Kernkompetenzen

5.1 Erläuterung des Vorgehens

Um auf der Grundlage der bisher vorgestellten Prozesse Kernkompetenzen abzuleiten, schließt die Arbeit mit einer **empirischen Analyse** ab. Dazu wurde in Kapitel 2 ein **theoretischer Bezugsrahmen** gebildet, der eine Operationalisierung der – durch den ressourcenorientieren Ansatz geprägten – Begriffe „Fähigkeiten", „Kompetenzen" und „Kernkompetenzen," enthält. Um empirische Ergebnisse zu finden, wurde diese Methode in 12 Interviews mit Mitarbeitern von fünf deutschen Gashandelsunternehmen angewendet. Es konnten Personen aus den Bereichen Börsenhandel, Portfoliomanagement, Vertrieb, Gastransport, Ölpreisbindung, Risikomanagement und leitende Angestellte zu strategischen Fragestellungen interviewt werden. Die **Interviews** starteten mit der Bitte um eine Schilderung der Prozesse, die im jeweiligen Unternehmen von der ersten Kundenanfrage bis zur endgültigen Vertragsbearbeitung stattfinden. Anschließend wurde vor dem Hintergrund der angebotenen Produkte, der Geschäftsbereiche des Unternehmens und seiner Funktionsbereiche gemeinsam nach essentiellen **Fähigkeiten** gesucht, die die Durchführung der Handelsprozesse ermöglichen. Als Orientierung konnten sich die Interviewpartner dabei auf die Gliederung der Kapitel 3 und 4 dieser Arbeit stützen, die als Grundlage für die Identifikation von Kernkompetenzen angelegt sind.[440] Die Identifikation der Fähigkeiten war ein **inkrementeller Vorgang** und so spiegeln die Ergebnisse die Subjektivität der Mitarbeiter wider. Durch die breite Befragungsbasis konnte dennoch ein umfassendes Bild vom Gashandel gewonnen werden. Nach dem Zusammentragen von ca. 15 Fähigkeiten bestand der nächste Schritt aus der Analyse der Fähigkeiten ent-

---

[440] Ziel war es, eine umfassende Darstellung der Situation der Gaswirtschaft und der Anforderungen an Gashandelsunternehmen zu liefern, um daraus alle wesentlichen Fähigkeiten für die Durchführung von Gashandel ableiten zu können.

sprechend dem theoretischen Bezugsrahmen.[441] Gemeinsam mit dem Interviewpartner wurden jeder Fähigkeit Ausprägungen der **Kriterien Integrationstiefe und Einzigartigkeit** zwischen den Werten 1 und 4 zugewiesen. Dabei fanden die Unterkriterien

- Integration der Fähigkeit über Funktionsbereiche

- Integration der Fähigkeit über Geschäftsbereiche

- Integration der Fähigkeit über Produkte

bzw.

- Einzigartigkeit i.s.v. Seltenheit

- Einzigartigkeit i.s.v. Nicht-Imitierbarkeit

- Einzigartigkeit i.s.v. Nicht-Substituierbarkeit

Verwendung. Nach Addition der Punkte konnten die sechs Fähigkeiten mit der höchsten Bewertung von nun an als Kompetenzen betitelt und mit einem Punktesystem auf ihre strategischen Flexibilität hin bewertet werden. Dabei versuchten die Interviewpartner die **strategische Flexibilität** auf zwei analytischen Ebenen zu abstahieren:

- Reorganisation von Routinen

- Reallokation von Ressourcen

Es sollte also bewertet werden, ob die den Fähigkeiten zugrunde liegenden „fassbaren" Ressourcen und eher „nicht-fassbaren" Routinen auf andere Art und Weise angewendet werden können. Dazu wurde dem Interviewpartner einleitend die Frage gestellt, inwiefern er Entwicklungspotential im Gasmarkt sehe. Vor dem Hintergrund seiner Einschätzung wurden die Punkte an die Kompetenzen vergeben. Im Folgenden wird zusammengefasst, welche Fähigkeiten von den verantwortlichen Experten als erwähnenswert betrachtet wurden und welche von ihnen nach der verwendeten Operationalisierung als Kernkompetenzen gelten. Dazu sollen zunächst allgemeine Ergebnisse eine Darstellung finden, bevor beispielhaft auf drei anonymisierte Interviews eingegangen wird. Es kann eine Konzentration auf unterschiedliche Aspekte des Gashandels erkannt werden, auf deren

---

[441] Vgl. dazu Abschnitt 2.7 auf Seite 17.

Grundlage im Abschnitt 5.4 der Versuch einer **Systematisierung** von Handelsunternehmen gemacht wird.

5.2 Allgemeine Ergebnisse

Es lässt sich prinzipiell zwischen zwei Bereichen des liberalisierten Gashandels unterscheiden. Einerseits existiert die „alte Welt' von Öl- oder Kohlepreisbindung, Transportkapazitäten, langfristig gewachsenen Geschäftskontakten zu sowohl Lieferanten, als auch Abnehmern. Andererseits werden „neue" Fähigkeiten im Bereich des Handels mit Finanzprodukten, der Commodity-Substitution, der Verhandlung von Rahmenverträgen usw. benötigt. Für bestehende Unternehmen der etablierten Gaswelt existiert der Vorteil kontinuierlich aufgebauten Gasmarktknow-hows und langfristiger Geschäftskontakte. Neue

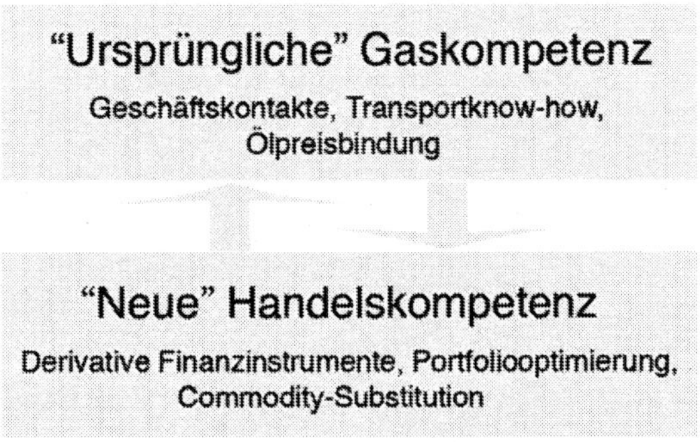

"Ursprüngliche" Gaskompetenz
Geschäftskontakte, Transportknow-how, Ölpreisbindung

"Neue" Handelskompetenz
Derivative Finanzinstrumente, Portfoliooptimierung, Commodity-Substitution

Abbildung 5.1: Situation in der liberalisierten Gaswirtschaft[442]

Unternehmen weisen ein gesteigertes Bewusstsein für die Potentiale und Chancen auf, die sich durch die Liberalisierung ergeben. Diese liegen im Portfoliomanagement für Stadtwerke und Industriekunden, im Angebot von komplizierten Absicherungsprodukten, in der Ausnutzung von Preisunterschieden zwischen Produkten oder Handelspunkten (Arbitrage), in der Spekulation auf bestimmte zukünftige Preisentwicklungen, im Angebot von Transportdienstleistung und in der aggressiven Abwerbung von Kunden. Die in den Interviews identifizierten Kernkompetenzen können in eine der beiden Bereiche eingeord-

---

[442] Quelle: Eigene Darstellung.

net werden. Darüber hinaus können die Kompetenzen auch in die Eingangs dargestellte Wertschöpfungskette eingeordnet werden.

5.3 Anonymisierte beispielhafte Darstellung von empirischen Ergebnissen

5.3.1 Unternehmen A

Um das empirische Vorgehen und die daraus gewonnenen Erkenntnisse zu verdeutlichen, werden auf den folgenden Seiten drei anonymisierte Interviewergebnisse vorgestellt. Unternehmen A ist die Handelsinstitution einer Reihe von Gesellschaften und übernimmt für diese und weitere Kunden u.a. das Portfoliomanagement. Sie bietet außerdem das Management von Speicherplatz an. Als wichtigste Fähigkeiten wurden folgende ermittelt:

- Fähigkeit zur langfristigen Kundenbindung durch entsprechende Querverbindungen in der Beteiligungsstruktur

- Finanzielle Bewertung und Analyse der Potentiale der Speichernutzung

- Allgemeine Handelskompetenz des Gashändlers: Kommunikationsfähigkeit, Sentiment etc.)

- Analyse des Gasmarktes im Backoffice, Kenntnis über Handelspunkte und Transportwege

- Starker Kooperationspartner für mehr politische und wirtschaftliche Handlungsfreiheit

- Kenntnisse zur Anwendung des Zwei-Vertrags-Modells

- Bilanzkreiskoordinierung

- Fähigkeit zum Angebot von Finanzdienstleistungen durch entsprechende Unternehmensorganisation, Know-how in der Entwicklung von Absicherungsprodukten,

Risikomanagementsystem und notwendige Finanzdienstleisterlizenz des Geschäftsführers

- Portfoliomanagement & Risikomanagement im Kundenauftrag

- Mitarbeiterpotentiale im Gashandel (Vertragsmanagement, Transport, Ölpreisbindung, Vertragsgestaltung)

- Möglichkeit des Eigenhandels

Aus diesen Fähigkeiten wurden folgende Kernkompetenzen identifiziert:

- Langfristige Kundenbindung durch Beteiligungsstruktur

- Portfoliomanagement & Risikomanagement im Auftrag

- Analyse des Gasmarktes im Backoffice, Kenntnis über Handelspunkte und Transportwege

- Allgemeine Handelskompetenz des Gashändlers: Kommunikationsfähigkeit, Sentiment

Die Verbindung von Wissen über traditionelle Gasgeschäfte auf der einen sowie der Beherrschung von komplizierten Finanzprodukten und deren Absicherung auf der anderen Seite bildet hier die einzelnen Kernkompetenzen.

5.3.2 Unternehmen B

Unternehmen B konzentriert sich neben der Abwicklung von Handelsgeschäften auch auf die Beratung von Stadtwerken in Liberalisierungsfragen. Auch hier existieren feste Gesellschafter, die die Handelseinheit mit der Abwicklung ihrer Gasportfolios betrauen. Handelsunternehmen übernehmen somit eine Dienstleisterfunktion für die auf der Vertriebsseite aktiven Stadtwerke, indem sie für eine Bündelung und damit Homogenisierung der Lastgänge und eine kostengünstige Beschaffung sorgen. Die wichtigsten Fähigkeiten sind:

- Herstellung von Verbindungen zu (ausländischen) Fördergesellschaften

- Vertragsmanagement für Transporte (EFET-Verträge)

- Chancen und Risiken im Markt erkennen (Handels-Know how

- Anwendung von Commodity-Substitution

- Kraftwerksbetrieb (tolling)

- Gas-Trading im engeren Sinn

- Portfoliomanagement

- Abwicklungen im Backoffice, Vertragsmanagement

- Beratung von Kunden zur Entwicklung im Gasmarkt, Weiterbildungsangebot für Kunden

- Gasnetzzugang, Bilanzkreismanagement

- Fähigkeit zur Preisführerschaft

Obwohl diese Fähigkeiten schon als relativ enger Rahmen zu betrachten sind, konnten die folgenden Bereiche als strategisch besonders relevant gefiltert werden:

- Gas-trading im engeren Sinn

- Anwendung von Commodity-Substitution

Es zeigt sich, dass der Bereich des spekulativ orientierten Gas-tradings und die Rohstoff-Substitution in Verbindung mit dem Betrieb von Kraftwerken hier für die Zukunft als am aussichtsreichsten betrachtet werden. Zu beachten ist allerdings die Subjektivität der befragten Mitarbeiter. Im eben dargestellten Fall wurde ein mit Handelsaktivitäten i.e.S. beauftragter Mitarbeiter befragt. Eventuell hätte ein Mitarbeiter aus einem anderen Bereich des gleichen Unternehmens die Fähigkeiten anders gewichtet und wäre so zu abweichenden Ergebnissen gekommen.

5.3.3 Unternehmen C

Unternehmen C legt offenbar mehr Wert auf den Vertrieb des Erdgases als die beiden bisher vorgestellten Unternehmen. Während viele Handelseinheiten feste Gesellschafter haben, die Gas von ihnen beziehen, und sich eher als spezialisierter Dienstleister auf dem Gebiet der Handelskompetenz betrachten, existiert hier eine Vertriebsmannschaft, die Kunden individuell anspricht und betreut. So wird langfristig wertvolles Beziehungskapital aufgebaut. Als besondere Fähigkeiten konnten identifiziert werden:

- Handelskompetenz im Allgemeinen

- Aufbau von Kundenbeziehungen auf der Vertriebsseite mit Hilfe von motiviertem Vertriebspersonal

- Ausnutzen von Arbitragemöglichkeiten zwischen unterschiedlichen Preisbindungsformeln

- Beziehungen zu Handelslieferanten aufbauen, Einkaufskompetenz über Mitarbeiter, Messen und telefonisch aufbauen

- Fähigkeit zum Transport in fremden Netzen mittels Bilanzkreismanagement

- Portfoliomanagement mit leistungsfähiger EDV

- Support functions

- Beherrschung eines Forderungsmanagements, Handling von Ausfallrisiken

- Aufbau einer Organisationsstruktur mit flachen Hierarchien

- Kundenorientierung mit individueller Kalkulation

- Gasvertragsmanagement

Die Interviewpartner gingen mit ihren Einschätzungen beim Bilanzkreismanagement soweit, dass sie zukünftig ein Angebot reiner Transportdienstleistung bzw. Transportabwicklung als realistisch ansahen. Trotz der Einführung des Basismodells der Bundesnetzagentur sind aufgrund der vielen Marktgebiete weiterhin komplizierte Vorgänge nötig, auf die sich eine Handelseinheit evtl. spezialisieren könnte. Eine weitere Kernkompetenz des Unternehmens stellt die Kombination von Vertrieb und Beratungsleistung beim Kunden dar. Dies führt sowohl zu einer intensiveren Bindung des Kunden, wie auch zu einer Homogenisierung des Gasverbrauches und damit zu einer Senkung der Beschaffungskosten. Vor dem Hintergrund strategischer Flexibilität wurden folgende Fähigkeiten als besonders relevant betrachtet:

- Aufbau von Kundenbeziehungen auf der Vertriebsseite mit Hilfe von motiviertem Vertriebspersonal

- Ausnutzen von Arbitragemöglichkeiten zwischen unterschiedlichen Preisbindungsformeln

- Beziehungen zu Handelslieferanten aufbauen, Einkaufskompetenz über Mitarbeiter, Messen und telefonisch aufbauen

- Portfoliomanagement mit leistungsfähiger EDV

Damit stellt Unternehmen C einen eher vertriebsorientierten Typus im Bereich der Gashändler dar. Als weitere Besonderheit wird das Angebot von Transportmanagement herausgestellt. Zukünftig könnten sich Märkte für reine Transportkapazitäten entwickeln, für dessen Bearbeitung ausgeprägte Fähigkeiten im Bilanzkreismanagement wichtig wären.

5.4 Kernkompetenzen im liberalisierten Gashandel

Über alle Interviews hinweg konnten insgesamt die im Folgenden dargestellten Kernkompetenzen identifiziert werden. Bei der Zusammenstellung dieser Liste wurden Doppelnennungen gestrichen bzw. zu aussagekräftigeren Einzelpunkten zusammengefasst:

- **Kundenorientierung:** Langfristige Kundenbindung durch Beteiligungsstruktur sichern, Aufbau langfristiger Kundenbeziehungen auf der Vertriebsseite mit Hilfe von motiviertem Vertriebspersonal und individuellem Dienstleistungsangebot, Vertragsbetreuung und Qualitätsmanagement bei bestehenden Kunden.

- **Portfoliomanagement und Risikomanagement** (mit leistungsfähiger EDV) im Kundenauftrag durchführen, Entwicklung von Finanzdienstleistungsangeboten (komplizierte Produkte) auf Basis von Expertenwissen aus dem Börsengeschäft, Kenntnisse des Strommarktes als Grundlage für die Entwicklung von entsprechenden Produkten.

- **Spezielle Kenntnis des Gasmarktes:** Kenntnis über Handelspunkte und Transportwege, sicherer Umgang mit Ölpreisbindungsformeln hinsichtlich Festpreisabsicherung, Arbitragemöglichkeiten zwischen verschiedenen Preisformeln nutzen, Gastrading bzw. Commodity-Substitution beherrschen, Zugang zu Kraftwerken und Kraftwerksbetrieb.

- **Allgemeine Handelskompetenz** der Gashänder: Kommunikationsfähigkeit, Sentiment, Erfahrung als Broker.

- **Bilanzkreismanagement:** Transport von Erdgas durch fremde Netzen (bspw. mit dem Zwei-Vertrags-Modell) beherrschen.

- **Einkaufskompetenz:** Beziehungen zu (ausländischen) Produzenten Gaslieferanten aufbauen.

Diese Kernkompetenzen betreffen unterschiedliche Bereiche der Wertschöpfungsstufen der Gaswirtschaft, wie in Abbildung 5.2 zu sehen ist. Die Analyse der Handelseinhei-

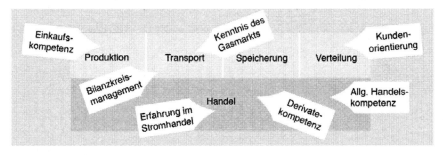

Abbildung 5.2: Kompetenzen in den Wertschöpfungsbereichen[443]

ten ergab Hinweise auf eine mögliche Konzentration auf unterschiedliche Spezialbereiche innerhalb des Gashandelsgeschäfts. Es soll daher auf Basis der identifizierten Kernkompetenzen der Versuch einer Typisierung von Gashandelsunternehmen unternommen werden. Eventuell können Unternehmen durch eine Konzentration auf bestimmte Kom-

---

[443] Quelle: Eigene Darstellung.

petenzen Spezialisierungsvorteile erlangen und spezialisierte Instrumente zum Einsatz bringen. Beispielsweise kann bei einer Vertriebsorientierung auf Hinweise aus der Literatur zurückgegriffen werden. *Lake* (2005) spricht davon wertvolle Kunden zu identifizieren und zu halten, Kundendaten und Lastgänge zu analysieren, mittels data-mining verborgene Zusammenhänge in großen Datenmengen aufzuspüren und das Marketing im Allgemeinen an den Kunden auszurichten. Die Nutzung von analytischem customer-relationship-management und cross-selling-Anwendungen sind beispielhafte Möglichkeiten einer Konzentration auf das Vertriebsgeschäft.[444] Abbildung 5.3 zeigt den Versuch einer Systematisierung von Gashandelsunternehmen je nachdem, welchen Wertschöpfungsbereichen sich ein Unternehmen intensiver zugewandt hat. Diese Typisierungen

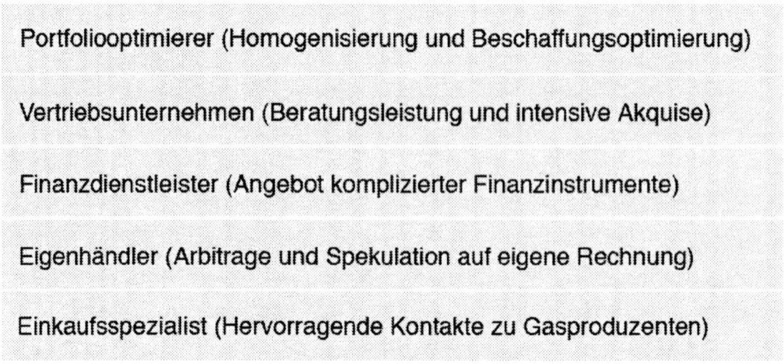

Portfoliooptimierer (Homogenisierung und Beschaffungsoptimierung)

Vertriebsunternehmen (Beratungsleistung und intensive Akquise)

Finanzdienstleister (Angebot komplizierter Finanzinstrumente)

Eigenhändler (Arbitrage und Spekulation auf eigene Rechnung)

Einkaufsspezialist (Hervorragende Kontakte zu Gasproduzenten)

Abbildung 5.3: Systematisierung von Handelsunternehmen[445]

sind als Abstraktion zu verstehen und nicht gleichbedeutend mit einer ausschließlichen Konzentration der Unternehmen auf ein Spezialgebiet. Es ist jedoch wichtig zu verstehen, dass diese fünf Aspekte als besonders relevant im liberalisierten Gashandel anzusehen sind. Eventuell kann die Systematisierung daher für eine Selbstanalyse dienen, um aufzudecken, wo im Unternehmen noch Entwicklungspotential besteht. Im Hinblick auf die angesprochene strategische Flexibilität von Kernkompetenzen im Allgemeinen sollte sich das Management der Handelsunternehmen für zukünftige Entwicklungen im Gasmarkt eine Strategie zurechtlegen. Ob es um die Möglichkeiten der LNG-Lieferungen nach Deutschland geht, den Betrieb von Gaskraftwerken zur Stromproduktion, der Nutzung virtueller Kraftwerke oder der Expansion auf Märkte außerhalb Deutschlands; vor dem Hintergrund des Kernkompetenzgedankens ist zu prüfen, ob die Investitionen in Ressourcen entsprechende Möglichkeiten in der Zukunft wahrnehmbar lassen werden.

---

[444] Vgl. *Lake* (2005), S. 56f.
[445] Quelle: Eigene Darstellung.

Konzentration auf Kernkompetenzen bedeutet vor allem, die Anwendung von Ressourcen so zu organisieren, dass zukünftige Geschäftsfelder erarbeitet werden können.[446]

---

[446] Vgl. *Prahalad/Hamel* (1990), S. 83f.

6 Abschluss und kritische Würdigung der Übertragbarkeit

Mit der vorliegenden Arbeit ist es gelungen, Beiträge zum **ressourcenorientierten** Ansatz, zum **Kernkompetenzansatz** und zur Theorie **dynamischer Fähigkeiten** in eine konsistente Ordnung zu bringen. Dazu diente das Kapitel 2 mit seiner ausgiebigen Aufarbeitung der theoretischen Literatur und einer Integration der verschiedenen Ansätze. Danach konnten im Kapitel 3 allgemeine Grundlagen zum Erdgas und **Rahmenbedingungen** der Gaswirtschaft zusammengetragen werden. Die Besonderheit lag hier in einer Kombination von wirtschaftlichen Aspekten einerseits und der Liberalisierungsbemühungen auf europäischer und deutscher Ebene andererseits. Das Kapitel verschaffte einen Überblick über die **Entwicklung der Gaswirtschaft** von einer Monopolindustrie hin zu einer marktwirtschaftlichen Ordnung und Preisbildung aufgrund von Angebot und Nachfrage und verdeutlichte auch die politisch-wirtschaftliche Dimension der Interessenskonflikte und die damit verbundenen Schwierigkeiten bei der Etablierung von Wettbewerb. Gleichzeitig gab das Kapitel einen Ausblick auf die Veränderungen durch den Liberalisierungsprozess. Auf dieser Basis konnten im Kapitel 4 die konkreten **Unternehmensprozesse** einer Gashandelseinheit dargestellt werden, wobei rechtliche Vorschriften einerseits und das Modell zum wichtigen Infrastrukturzugang andererseits Beachtung fanden. Dabei lag der Fokus immer auf einer Darstellung von Prozessen, in denen potentielle Kernkompetenzen für Gasandelsunternehmen liegen könnten. Die praktische Umsetzung lieferte dann interessante Erkenntnisse über den Stand der **liberalisierten deutschen Gaswirtschaft** und die Einschätzungen von Mitarbeitern zu besonders einzigartigen, stark integrierten und strategisch flexiblen Fähigkeiten, die mit der Zusammenfassung von Kernkompetenzen und einer Systematisierung von Gashandelsunternehmen abgeschlossen werden konnten. Die **Leistung der Arbeit** besteht damit in einer systematischen Darstellung der angesprochenen Themen und einer empirischen Analyse wirtschaftlicher Gegebenheiten mit Hilfe theoretischer Modellbildung. Auf das theoriegeleitete Vorgehen bezogen, kann für die Ableitung von Kernkompetenzen speziell im Gashandel ein Defizit angesprochen werden. Für die strategische Relevanz von Fähigkeiten wurde eine **Operationalisierung** vorgenommen, die auf den beiden Kriterien Reallokation von Ressourcen und Reorganisation von Routinen beruht. Es musste also eingeschätzt werden, ob und in welchem Umfang die einer Fähigkeit zugrunde liegenden Ressourcen auf eine andere, neue Art und Weise angewendet werden können. Im Gashandel ohne Netzbetrieb sind aber im Unterschied zur produzierenden Wirtschaft kaum fassbare Ressourcen aufzubringen. Von der Bereitstellung von Eigenkapital, der Anmietung von Geschäftsräumen, der Verpflichtung von Mitarbeitern und der Ausstattung mit Büroeinrichtung inklusive leistungsfähiger Software einmal abgesehen existieren keine weiterführenden Anlagegüter, wie Patente, Technologien oder ein größerer Maschinenpark, der ein Unternehmen **durch seine historische Entwicklung zu einzigartigen Ressourcen gelangen lässt**. In keinem Interview wurde bswp. die Möglichkeit des Erwerbs oder der Errichtung von Gasleitungen als sinnvoll betrachtet. Weiterhin ist folgendes zur Operationalisierung anzumerken: Kompetenzen wurden anhand der beiden Kriterien Integrationsstärke und Einzigartigkeit gemessen. Es ist zu bedenken, dass dies **widersprüchliche Kriterien** sein könnten, da sich Einzigartigkeit darauf bezieht, dass die Fähigkeit nur von wenigen Personen/Institutionen beherrscht wird. Integration bedeutet aber zugleich den Einbezug Vieler in die Anwendung der Fähigkeit, was sie zu einem geringen Maße weniger Einzigartig werden lässt. Dadurch war dem wissenschaftlichen Vorgehen eine Grenze gesetzt. Wenn man den Gashandel dem **Dienstleistungsbereich** zuordnen kann, so wäre für den Dienstleistungssektor im Allgemeinen ein angepasstes Vorgehen bei der Identifikation von Kernkompetenzen nötig wäre. Für **zukünftige Forschungsvorhaben** ergeben sich durch die hier gelegten Grundlagen vielfältige Möglichkeiten. Beispielsweise ist eine Überprüfung des Systematisierungsvorschlages für Gashandelsunternehmen anhand spezialisierter Analysen denkbar. Andererseits könnten für die einzelnen Kategorietypen individuelle Managementinstrumente entwickelt werden, die die Spezialisierungsrichtung voran treiben.

A Anhang

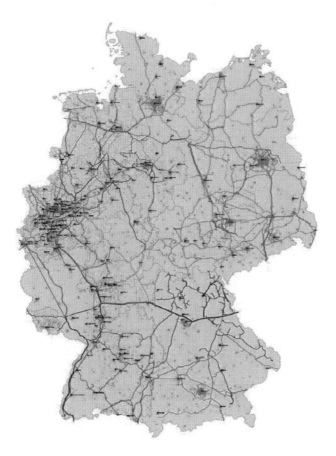

Abbildung A.1: Marktgebiete September 2006[447]

---

[447] Quelle: *BGW/VKU* (2006a).
[448] Quelle: *BGW/VKU* (2006a).

— Bayerngas Marktgebiet Südbayern

— BEB Transport H-Gas

— BEB Transport L-Gas

— E.ON Ruhrgas Transport H-Gas Nord

— E.ON Ruhrgas Transport H-Gas Mitte

— E.ON Ruhrgas Transport H-Gas Süd

— E.ON Ruhrgas Transport L-Gas

— Erdgas Münster Transport EGMT

— Erdgas-Verkaufsgesellschaft mbH Münster

— EWE AG -Verbundnetz Ems-Weser-Elbe

— Gas-Union

— Gaz de France Deutschland Transport

— Gasversorgung Süddeutschland u. Eni&Power

— ONTRAS -ONTRAS

— RWE Transport I H-Gas Nord

— RWE Transport II L-Gas West

— RWE Transport III H-Gas Süd

— WINGAS TRANSPORT I

— WINGAS TRANSPORT II

— WINGAS TRANSPORT III

Abbildung A.2: Legende der Marktgebiete September 2006[448]

---

[449] Quelle: leicht modifiziert übernommen von *Energie Chronik* (2007c).

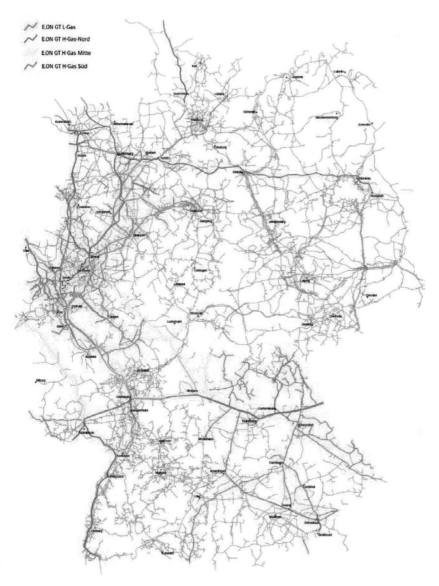

Abbildung A.3: Marktgebiet E.On Ruhrgas[449]

Literaturverzeichnis

1. **Baden-Fuller, Charles/Volberda, Henk W.:** Strategic Renewal; in: International Studies of Management & Organization, 27 1997, Nr. 2, 95–120.

2. **Barney, Jay:** Firm Resources and Sustained Competitive Advantage; in: Journal of Management, 17 1991, Nr. 1, 99–120.

3. **Barney, Jay/Wright, Mike/Ketchen, David J.:** The Resourced-based View of the Firm: Ten Years After 1991; in: Journal of Management, 27 2001, 625–641.

4. **Basedow, Jürgen:** Regulierung und Wettbewerb in marktwirtschaftlichen Ordnungen; Hamburg, 2003, Rechtspolitisches Forum Nr. 14 Max-Planck-Institut für ausländisches und internationales Privatrecht.

5. **Beckervordersandforth, Christian P./Nowak, Werner:** Gaswirtschaft - Gastechnik; in: BWK, 2005, Nr. 4, 101–110.

6. **BGW/VKU:** Marktgebiete Stand September 2006; 2006a ⟨URL: http://www.bgw.de/gashandel_marketing/marketing_erdgas/markt_und_marketing_erdgas/article_2006_9_4_9.html⟩ – Zugriff am 20.05.2007.

7. **BGW/VKU:** Vereinbarung über die Kooperation gemäß § 20 Abs. 1 b) EnWG zwischen den Betreibern von in Deutschland gelegenen Gasversorgungsnetzen; 2006b ⟨URL: http://www.vku.de/vku/presse/pressemitteilungen06/kooperationsvereinbarung.pdf⟩ – Zugriff am 08.05.2007.

8. **Billina, Jörg:** Erdgas - Auf dem Weg zur unheiligen Allianz; 2007 ⟨URL: http://www.wiso-net.de/webcgi?START=A60&DOKV_DB=ZECH&DOKV_NO=EUSO51376610&DOKV_HS=0&PP=1&WID=26132-5370407-31628_6⟩ – Zugriff am 14.05.2007.

9. **Binde, Wulf:** Verhandlungen über Erdgasnetzzugang; in: Energiewirtschaft, 100 2001, Nr. 1-2, 54–55.

10. **BME Akademie GmbH:** Energieeinkaufsstrategien in volatilen Großhandelsmärkten; 2007 ⟨URL: http://www.lbd.de/de/pdf/LBD_Einkaufsstrategien_ Grosshandelsmarkt.pdf⟩ – Zugriff am 12.05.2007.

11. **Böge, Ulf:** Gas-Langfristverträge: Ein Instrument der Marktabschottung; in: Wirtschaft und Wettbewerb, November 2005, 1098–1104.

12. **Böhmer, Wolfgang:** Russisches Gas für Europa: Die Rolle der Gazprom; in: ew, 2006, Nr. 1-2, 58–59.

13. **Bowman, Cliff/Ambrosini, Veronique:** How the Resource-based and the Dynamic Capability Views of the Firm Inform Corporate-level Strategy; in: British Journal of Management, 14 2003, 289–303.

14. **Brandt, Ulrich:** Versorgungssicherheit im liberalisierten Umfeld; in: GWG - Gas/Erdgas, 2005, Nr. 11, 633–637.

15. **Brühl, Götz/Weissmüller, Gerhard:** Gasnetzzugang - Ein Leitfaden zum Basismodell der Bundesnetzagentur; München: Verlag C.H. Beck, 2006.

16. **Bundeskartellamt:** Marktöffnung und Gewährleistung von Wettbewerb in der leitungsgebundenen Energiewirtschaft; Sitzung des Arbeitskreises Kartellrecht am 7. Oktober 2002, Oktober 2002 – Diskussionspapier.

17. **Bundeskartellamt:** Beschluss in dem Verwaltungsverfahren B 8 - 113/03 - 1; 2006 ⟨URL: http://www.bundeskartellamt.de/wDeutsch/download/pdf/ Kartell/Kartell06/B8-113-03.pdf⟩ – Zugriff am 02.02.2007.

18. **Bundesministerium für Wirtschaft und Arbeit:** Bericht an den Deutschen Bundestag über die energiewirtschaftlichen und wettbewerblichen Wirkungen der Verbändevereinbarungen (Monitoring-Bericht); Berlin, 2003 – BT-Drucksache 15/1510.

19. **Bundesministerium für Wirtschaft und Technologie:** Zahlen und Fakten: Energiedaten: Nationale und internationale Entwicklung; 2006 ⟨URL:

```
http://bmwi.de/BMWi/Redaktion/Binaer/energie-daten-gesamt,property=
blob,bereich=bmwi,sprache=de,rwb=true.xls⟩
```
– Zugriff am 02.04.2007.

20. **Bundesnetzagentur:** Beschluss im Verwaltungsverfahren Az BK7-06-074; 2006a ⟨URL: `http://www.bundesnetzagentur.de/media/archive/7226.pdf`⟩ – Zugriff am 28.04.2007.

21. **Bundesnetzagentur:** Status der Bundesnetzagentur; 2006b ⟨URL: `www.bundesnetzagentur.de/enid/Informationsblaetter_allgemein`⟩ – Zugriff am 04.11.2006.

22. **Bundesverband der deutschen Gas- und Wasserwirtschaft e.V.:** Verbändevereinbarung zum Netzzugang bei Erdgas (VV Erdgas 2); 2002 ⟨URL: `http://www.eon-ruhrgas.com/cps/rde/xbcr/SID-3F57EEF5-DEE7157B/er-corporate/verbaendevereinbarung.pdf`⟩.

23. **Bundesverband der deutschen Gas- und Wasserwirtschaft e.V.:** 125. Gesamtstatistik: Bundesrepublik Deutschland: Berichtsjahr 2003; Berlin, 2005 – Technischer Bericht.

24. **Bünting, Hans/Boc, Nhu Hung:** Risikocontrolling und Organisation; in: **Horstmann, Karl-Peter/Cieslarczyk, Michael (Hrsg.):** Energiehandel - Ein Praxishandbuch; 1. Auflage. Düsseldorf: Carl Heymanns Verlag, 2006.

25. **Burmeister, Thomas:** Netznutzung und Bilanzkreissystem; in: **Horstmann, Karl-Peter/Cieslarczyk, Michael (Hrsg.):** Energiehandel - Ein Praxishandbuch; Carl Heymanns Verlag, 2006.

26. **Busch, H.:** IT-Systeme im regulierten Energiemarkt; in: Energie/Wasser-Praxis, 2006, Nr. 2, 3–4.

27. **Caves, Robert E./Porter, Michael E.:** From Entry Barriers to Mobility Barriers: Conjectural Decisions and Contrived Deterrence to New Competitors; in: Quarterly Journal of Economics, 91 1977, 241–262.

28. **Cerbe, Günter:** Grundlagen der Gastechnik - Gasbeschaffung, Gasverteilung, Gasverwendung; 5. Auflage. München, 1999.

29. **Chandler, Alfred:** Scale and Scope. The Dynamics of Industrial Capitalism; Cambridge Mass., 1990.

30. **Craul, Marcus:** Anforderungen an Organisation, Risikomanagement und Reporting nach der Genehmigung durch die Bundesanstalt für Finanzdienstleistungsaufsicht (BaFin); in: **Zenke, Ines/Ellwanger, Niels (Hrsg.):** Handel mit Energiederivaten; C.H. Beck, 2003. – Kapitel 3, 131–154.

31. **Craul, Marcus:** Rechtliche Rahmenbedingungen; in: **Horstmann, Karl-Peter/Cieslarczyk, Michael (Hrsg.):** Energiehandel - Ein Praxishandbuch; 1. Auflage. Düsseldorf: Carl Heymanns Verlag, 2005. – Kapitel 2, 28–40.

32. **Dahl, Klaus H.:** Die Situation der Erdgasversorgung aus technisch-wirtschaftlicher Sicht; in: **Eberhard, Rolf/Hüning, Rolf (Hrsg.):** Handbuch der Gasversorgungstechnik: Gastransport und Gasverteilung; 2. Auflage. München, 1990, 11–26.

33. **Dahl, Klaus H.:** Erdgas in Deutschland - Entwicklung und Bedeutung unter Berücksichtigung der Versorgungssicherheit und des energiepolitischen Ordnungsrahmens sowie des Umweltschutzes; Clausthal-Zellerfeld: Clausthal, 1998.

34. **Däuper, Olaf (Hrsg.):** Gaspreisbildung und europäisches Kartellrecht; München, 2003.

35. **Däuper, Olaf/Hartmann, Marc:** Kommentar zu Netzzugangsmodellen auf der Ferngasstufe; in: Energie und Management - Beilage 'Marktplatz Energie' -, Dezember 2003, 6.

36. **Der Rat der Europäischen Union:** Richtlinie 2004/67/EG des Rates vom 26. April 2004 über Maßnahmen zur Gewährleistung der Versorgungssicherheit der sicheren Erdgasversorgung; in: Amtsblatt der Europäischen Union, 2004, Nr. L 127, 92–96.

37. **Deutsches Institut für Wirtschaftsforschung:** Wochenbericht Nr. 10/2006: Hohe Energiepreise dämpfen Primärenergieverbrauch in Deutschland; Berlin, 2006.

38. **Dierickx, Ingemar/Cool, Karel:** Asset Stock Accumulation and Sustainability of Competitive Advantage; in: Management Science, 35 1989, Nr. 12, 1504–1511.

39. **Dörband, Robert:** Vermarktung von Leitungs- und Speicherkapazitäten in der Gaswirtschaft: Die Entwicklung von Methoden zur effizienten Vergabe der Netzkapazität im liberalisierten Gasmarkt; Dissertation, Technische Universität Clausthal, Clausthal-Zellerfeld, 2005.

40. **Dosi, Giovanni:** Technological Paradigms and Technological Trajectories; in: Research Policy, 1988, Nr. 11, 147–162.

41. **Duijm, Bernhard:** Wettbewerbssicherung nach Privatisierung und Deregulierung: Aufgabe allgemeiner Wettbewerbs- oder sektoraler Regulierungsbehörden? in: **Berg, Hartmut (Hrsg.):** Deregulierung und Privatisierung: Gewolltes - Erreichtes - Versäumtes; Berlin, 2002, 9–27.

42. **Dunker, Ralf:** Portfoliomanagement für den Gashandel; in: ew, 104 Dezember 2005, Nr. 26, 26–27.

43. **Ehricke, Ulrich/Pellmann, Moritz:** Zur EG-kartellrechlichen Bewertung der Unzulässigkeitskriterien langfristiger Gaslieferungsverträge; in: Wirtschaft und Wettbewerb, 11 2005, 1104–1115.

44. **Eisenhardt, Kathleen M./Martin, Jeffrey A.:** Dynamic Capabilities: What Are They? in: Strategic Management Journal, 21 2000, 1105–1121.

45. **Energie Chronik:** Gasnetzbetreiber veröffentlichen Kooperationsvertrag; 2006 ⟨URL: http://www.udo-leuschner.de/energie-chronik/060603.htm⟩ – Zugriff am 28.04.2007.

46. **Energie Chronik:** Marktgebiet RWE West 1; 2007a ⟨URL: http://www.udo-leuschner.de/energie-chronik/070311g1.gif⟩ – Zugriff am 28.04.2007.

47. **Energie Chronik:** Marktgebiet RWE West 2; 2007b ⟨URL: http://www.udo-leuschner.de/energie-chronik/070311g2.gif⟩ – Zugriff am 28.04.2007.

48. **Energie Chronik:** Marktgebiete E.On Ruhrgas AG; 2007c ⟨URL: 28.04.2007⟩ – Zugriff am http://www.udo-leuschner.de/energie-chronik/061208d.gif.

49. **Energie Chronik:** Marktgebiete für H-Gas; 2007d ⟨URL: http://www.udo-leuschner.de/energie-chronik/070311.htm⟩ – Zugriff am 28.04.2007.

50. **EnWG:** Gesetz über die Elektrizitäts- und Gasversorgung vom 7. Juli 2005; 2005.

51. **E.On Ruhrgas AG:** Durchlaufstationen durch eine Verdichterstation; 2006a ⟨URL: http://www.eon-ruhrgas.com/deutsch/technik/verdichterstat/durchlaufstationen.htm⟩ – Zugriff am 03.01.2007.

52. **E.On Ruhrgas AG:** Erdgaswirtschaft im Überblick: Markt - Leistungen - Perspektiven; Essen, 2006b ⟨URL: http://www.eon-ruhrgas.com/cps/rde/xbcr/SID-3F57EEF5-D3313052/er-corporate/ErdgasImUeberblick_2006.pdf⟩ – Zugriff am 07.12.2006.

53. **E.On Ruhrgas AG:** Europäisches Erdgasnetz; 2007a ⟨URL: http://www.erdgaswirtschaft.eon-ruhrgas.com/media/powerpoint/d009_EW.ppt⟩ – Zugriff am 14.04.2007.

54. **E.On Ruhrgas AG:** Struktur der deutschen Gaswirtschaft; 2007b ⟨URL: http://erdgaswirtschaft.eon-ruhrgas.com/default.asp?content=/deutsch/erdgaswirtschaft_28.htm⟩ – Zugriff am 14.04.2007.

55. **Eutech Energie und Management GmbH:** Aktuelle Informationen zur Gesetzgebung Energiewirtschaftsgesetz; Juli 2005, Aachen ⟨URL: http://eutech.de/pdf/Strom%20und%20Gasmarktliberalisierung%20050722.PDF⟩ – Zugriff am 20.04.2007.

56. **ExxonMobile:** Produktion von Erdgas; 2005 ⟨URL: http://www.mobiloil.de/Germany-German/de/produkte/erdgas/index.html⟩ – Zugriff am 14.04.2007.

57. **Flakowski, Sven:** Die erschöpfbare Ressource Erdgas - Auswirkungen der Transporteigenschaften auf Preisbildung und Strategien in Europa; Dissertation Georg-August-Universität Göttingen, Münster, 2003.

58. **Freiling, Jörg:** A Competence-based Theory of the Firm; in: management revue, 15 2004, Nr. 1, 27–52.

59. **Fried, Andrea; Lang, Peter (Hrsg.):** Wissensmanagement aus konstruktivistischer Perspektive; Europäischer Verlag der Wissenschaften, 2005.

60. **Friedel, Bolle; Weizäcker, Carl Christian von (Hrsg.):** Erdgas im Europäischen Binnenmarkt; München, Oldenburg, 1990.

61. **Funk, Cara/Millgramm, Carola/Schulz, Walter:** Wettbewerbsfragen in der deutschen Gaswirtschaft; München, 1995.

62. **GasNEV:** Verordnung über die Entgelte für den Zugang zu Gasversorgungsnetzen; ⟨URL: http://bundesrecht.juris.de/gasnev/index.html⟩ – Zugriff am 15.05.2007.

63. **GasNZV:** Verordnung über den Zugang zu Gasversorgungsnetzen; ⟨URL: http://bundesrecht.juris.de/gasnzv/index.html⟩ – Zugriff am 15.05.2007.

64. **GEODE:** Gasnetzzugang - Ein Leitfaden zum Basismodell der Bundesnetzagentur; GEODE Groupement Européen des Entreprises et Organismes de Distribution d'Energie, 2006 – Technischer Bericht.

65. **Gerlach, Jörg:** Kopiervorlage für Gasmärkte? in: Energiespektrum, 2005, Nr. 11, 30–31.

66. **Gibgas:** In Deutschland unterscheidet man regional zwischen mehreren Gassorten; ⟨URL: http://www.gibgas.de/german/fakten/kraftstoff_h_l.html⟩ – Zugriff am 20.05.2007.

67. **Gottschlich, Matthias:** Anforderungen an IT-Systeme zur Abrechnung von Gashandel und -transport; in: Energie/Wasser-Praxis, 2005, Nr. 12, 84–87.

68. **Götze, Uwe/Mikus, Barbara:** Strategisches Management; 1. Auflage. Chemnitz: GUC, 1999.

69. **Grant, Robert M.:** The Resource-based Theory of Competitive Advantage: Implications for Strategy Formulation; in: California Management Review, 17 1991, Nr. 1, 99–120.

70. **Growitsch, C./Müsgens, F.:** An Analysis of Household Electricity Price Developments in Germany since Liberalization; 2005 ⟨URL: http://www.ewi.uni-koeln.de/ewi/content/e266/e563/e2722/e2725/Veroeff_Muesgens_IEWT2005_ger.pdf⟩ – Zugriff am 20.04.2007.

71. **Haddenhorst, Hans-Günther:** Gasspeicherung; in: **Eberhard, Rolf/Hüning, Rolf (Hrsg.):** Handbuch der Gasversorgungstechnik: Gastransport und Gasverteilung; 2. Auflage. München, 1990, 607–674.

72. **Hafeez, Khalid/Zhang, YanBing/Malak, Naila:** Core Competence for Sustainable Competitive Advantage: A Structured Methodology for Identifying Core Competence; in: IEEE Transactions on Engineering Management, 49 February 2002, Nr. 1, 28–35.

73. **Haus und Grund Deutschland - Zentralverband der Deutschen Haus-, Wohnungs- und Grundeigentümer e.V.:** 2007 ⟨URL: http://haus-und-grund-kiel.de/report/Energie-Newsletter_Maerz_2007.pdf⟩ – Zugriff am 12.05.2007.

74. **Heilemann, Ulrich/Hillebrand, Bernhard:** Liberalisierung der Strom- und Gasmärkte - Eine erste Bilanz; in: **Berg, Hartmut (Hrsg.):** Deregulierung und Privatisierung: Gewolltes - Erreichtes - Versäumtes; Berlin, 2002, 29–57.

75. **Hellwig, Mark:** Entwicklung und Anwendung parametrisierter Standard-Lastprofile; München, 2003.

76. **Hense, Andreas:** Gasmarktregulierung in Europa: Ansätze, Erfahrungen und mögliche Implikationen für das deutsche Regulierungsmodell; Bad Honnef, 2005.

77. **Higgins, James M.:** Achieving the Core Competence: It's as Easy as 1,2,3...47,48,49; in: Business Horizons, 39 1996, Nr. 2, 27–32.

78. **Hinterhuber, Hans H.:** Strategische Unternehmensführung; Berlin New York, 1996.

79. **Hinterhuber, Hans H. et al.:** The Company As a Cognitive System of Core Competences and Strategic Business Units; in: Strategic Change, 5 August 1996, 223–238.

80. **Hirschhausen, Christian von/Becker, Thorsten:** Reform der Erdgaswirtschaft in der EU und in Deutschland: Wie viel Regulierung braucht der Wettbewerb? in: Perspektiven der Wirtschaftspolitik, 7 2006, Nr. 1, 11–13.

81. **Hoffmann, Georg:** Erdgastransport; in: **Schaefer, Helmut (Hrsg.):** VDI-Lexikon Energietechnik; Düsseldorf: VDI-Verlag, 1994a, 406–407.

82. **Hoffmann, Georg:** Erdgasverteilung; in: **Schaefer, Helmut (Hrsg.):** VDI-Lexikon Energietechnik; Düsseldorf: VDI-Verlag, 1994b, 411–412.

83. **Hohaus, P./Ronnacker, U.**: Die Verordnung (EG) über die Bedingungen für den Zugang zu den Erdgasfernleitungsnetzen; in: Energiewirtschaftliche Tagesfragen, Special: Gastransport im Wettbewerb, 2005, 5–9.

84. **Horstmann, Karl-Peter**: Bedeutung des Wertpapierhandelsgesetzes für den Energiehandel; in: **Horstmann, Karl-Peter/Cieslarczyk, Michael (Hrsg.)**: Energiehandel - Ein Praxishandbuch; Düsseldorf: Carl Heymanns Verlag, 2005. – Kapitel 6, 250–350.

85. **Hosius, Tillmann**: Netzzugang und Reziprozität bei grenzüberschreitenden Erdgaslieferungen in Europa; Dissertation Georg-August-Universität Göttingen, München, 2004.

86. **Klag, Nadja Daniela**: Die Liberalisierung des Gasmarktes in Deutschland; Marburg, 2003.

87. **Klei, Manfred**: EU-Gasmarktliberalisierung und Versorgungssicherheit - ein Widerspruch? in: GWF - Gas/Erdgas, 2005, Nr. 12, 680–683.

88. **Kogut, Bruce**: Joint Ventures: Theoretical and Empirical Perspectives; in: Strategic Management Journal, 1988, Nr. 9, 319–332.

89. **Konstantin, Panos**: Praxisbuch Energiewirtschaft; Berlin Heidelberg: Springer-Verlag, 2007.

90. **Kurth, Matthias**: Anreizregulierung als Chance für effiziente Unternehmen; in: ew, 2005, Nr. 20, 3.

91. **Lake, Heiner**: Wissen, was Kunden wollen; in: ew, 104 Oktober 2005, Nr. 21/22, 56–57.

92. **Learned, Edmund P. et al.**: Business Policy: Text and Cases; Homewood, IL: Irwin, 1969.

93. **Liesenhoff, Max**: Die EFET-Rahmenverträge für den physischen Handel mit Strom und Gas; in: **Horstmann, Karl-Peter/Cieslarczyk, Michael (Hrsg.)**: Energiehandel - Ein Praxishandbuch; Düsseldorf: Carl Heymanns Verlag, 2005. – Kapitel 10, 463–519.

94. **Madden, Mike/White, Nick:** Liberalising Gas Markets in Europe; London: The Petroleum Economist Ltd., 2001.

95. **Mahoney, Joseph T./Pandian, J. R.:** The Resource-based View Within the Conversation of Strategic Management; in: Strategic Management Journal, 13 1992, Nr. 5, 363–380.

96. **Majer, Peter/Andrian, Stefanie von/Betermieux, Frank:** Liberalisierung der Energienetze - Leitlinien für die Erdgaswirtschaft; in: Energiewirtschaftliche Tagesfragen, 2006, Nr. 1-2, 10–14.

97. **Markides, Constantinos C./Williamson, Peter J.:** Related Diversification, Core Competences and Corporate Performance; in: Strategic Management Journal, 15 1994, 149–165.

98. **Mestmäcker, Ernst-Joachim:** Erdgas im Europäischen Binnenmarkt; in: **Mestmäcker, Ernst-Joachim (Hrsg.):** Die Gaswirtschaft im Binnenmarkt. Beiträge zur gemeinschaftsrechlichen und ordnungspolitischen Diskussion von Marktordnungen; Baden-Baden, 1990.

99. **Mintz, Julien:** The European Gas Market Players; Rueil Malmaison: CEDIGAZ, 2001.

100. **Mischner, Jens:** Transportkosten; in: **Cerbe, Günther (Hrsg.):** Grundlagen der Gastechnik; 6. Auflage. München und Wien, 2004, 233–236.

101. **Moldaschl, Manfred:** Innovationsfähigkeit; 2005a ⟨URL: http://www.tim-kommission.de/fachtagungen/2005/unterlagen/Moldaschl_Vortrag.pdf⟩ – Zugriff am 12.05.2007.

102. **Moldaschl, Manfred:** Nachhaltigkeit von Arbeit und Unternehmensführung. Eine integrative potentialorientierte Perspektive; in: **Moldaschl, Manfred (Hrsg.):** Immaterielle Ressourcen; München und Mering: Hampp, 2005b, 19–46.

103. **Moldaschl, Manfred:** Innovationsfähigkeit, Zukunftsfähigkeit, Dynamic Capabilities - Moderne Fähigkeitsmystik und eine Alternative; in: **Scheyögg, Georg/Conrad, Peter (Hrsg.):** Management von Kompetenz; 2006, 15, 1–36.

104. **Nelson, Richard R./Winter, Sidney G.:** An Evolutionary Theory of Economic Change; Cambridge, 1982.

105. **Neu, Axel D.:** Die Gaswirtschaft im Zeichen von Wettbewerb und Umwelt: Perspektiven der Erdgasversorgung im europäischen Binnenmarkt; Kiel, 1999.

106. **Niederprüm, Matthias/Pickhardt, Michael:** German Natural Gas Market Deregulation: A Never Ending Story? in: **Esser, C./Stierle, M. H. (Hrsg.):** Current Issues in Competition Theory and Policy; Belrin, 2002, 241–259.

107. **Niessen, Steffan:** Börslicher Gashandel in Deutschland - realistische Vision oder bloßes Hirngespinst? in: ew, 2005, Nr. 14-15, 18–26.

108. **N.N.:** Datenkontrolle Online: Absteuerungssystem für den Gashandel; in: BWK, 2005, Nr. 1-2, 37–38.

109. **OECD:** Promoting Competition in the Natural Gas Industry; in: OECD Journal of Competition and Law, 4 2002, Nr. 2, 66–144.

110. **Penrose, Edith T.:** The Theory of the Growth of the Firm; New York: John Wiley, 1959.

111. **Perner, Jens:** Die langfristige Erdgasversorgung Europas: Analysen und Simulationen mit dem Angebotsmodell EUGUS; Köln, 2002.

112. **Pietsch, Horst:** Ausgleich der Verbrauchsspitzen; in: **Cerbe, Günther (Hrsg.):** Grundlagen der Gastechnik; 6. Auflage. München und Wien, 2004, 237–259.

113. **Porter, Michael E.:** Competitive Advantage; New York: The Free Press, 1985.

114. **Porter, Michael E. (Hrsg.):** Wettbewerb und Strategie; München, 1999.

115. **Powernews:** EEX-Börsenrat bringt neue Projekte auf den Weg; 2006a ⟨URL: `http://www.wiso-net.de/webcgi?START=A60&DOKV_DB=ZECO&DOKV_NO=POWE090622019&DOKV_HS=0&PP=1&WID=83462-8590327-61727_6`⟩ – Zugriff am 17.12.2007.

116. **Powernews:** E.On Ruhrgas konkretisiert Handelsangebot; 2006b ⟨URL: `http://www.wiso-net.de/webcgi?START=A60&DOKV_DB=ZGEN&DOKV_NO=`

DJN20051007132813015&DOKV_HS=0&PP=1&WID=83462-8590327-61727_7⟩ –
Zugriff am 18.12.2007.

117. **Powernews:** Gasprom will Speicher in Ostdeutschland bauen; Meldung vom 19.10.2006, 2006c ⟨URL: http://www.wiso-net.de/webcgi?
START=A60&DOKV_DB=ZECO&DOKV_NO=POWE100619014&DOKV_HS=0&PP=1&WID=
83462-8590327-61727_8⟩ – Zugriff am 11.12.2006.

118. **Powernews:** Münchner Vorschlag für Standardlastprofile Gas empfohlen; 2006d
⟨URL: http://www.wiso-net.de/webcgi?START=A60&DOKV_DB=ZECO&DOKV_NO=
POWE090628010&DOKV_HS=0&PP=1&WID=83462-8590327-61727_11⟩ – Zugriff am
17.12.2007.

119. **Powernews:** Gas-Hubs: Am Anfang war der Ort; 2007 ⟨URL:
http://www.wiso-net.de/webcgi?START=A60&DOKV_DB=ZECU&DOKV_NO=
POWE0202019529&DOKV_HS=0&PP=1&WID=57762-4180747-41723_11⟩ – Zugriff
am 28.04.2007.

120. **Prahalad, Coimbatore Krishnarao/Hamel, Gary:** The Core Competence of
the Corporation; in: Harvard Business Review, 68 May-June 1990, Nr. 3, 79–91.

121. **Püstow, Moritz; Lang, Peter (Hrsg.):** Die Liberalisierung der deutschen und
französischen Gaswirtschaft; Frankfurt/M., 2004.

122. **Rahn, Gabriele/Reiss, Mac/Schütze, Justus:** Aufbau und Organisation; in:
Horstmann, Karl-Peter/Cieslarczyk, Michael (Hrsg.): Energiehandel - Ein
Praxishandbuch; Düsseldorf: Carl Heymanns Verlag, 2005. – Kapitel 2, 40–65.

123. **Regio Energie:** Koppelung zwischen Erdgas- und Erdölpreis; 2006 ⟨URL:
http://www.regioenergie.ch/sites/infocenter/news_details.asp?NEWS_
ID=127⟩ – Zugriff am 19.04.2007.

124. **Röhling, Andreas:** Lieferverträge; in: **Horstmann, Karl-Peter/Cieslarczyk,
Michael (Hrsg.):** Energiehandel - Ein Praxishandbuch; Düsseldorf: Carl Heymanns Verlag, 2005. – Kapitel 9, 431–462.

125. **Rössing, Dietmar von:** Tempora mutantur - Die Zeiten ändern sich, ein Ausblick
auf die Anreizregulierung; in: Energie/Wasser-Praxis, 2005, Nr. 12, 58–61.

126. **Rügge, Peter:** Zur Deregulierung des europäischen Erdgasmarktes; Frankfurt/M. u.a., 1995.

127. **RWS-Verlag:** Regierungsentwurf zur Änderung des Aktiengesetzes (KonTraG) – Teil I, ZIP 1997, 2059; 1997 ⟨URL: http://www.rws-verlag.de/volltext/ kontrag.htm⟩ – Zugriff am 09.05.2007.

128. **Schaub, Alexander:** VKU-Verbandstagung 2001: Die Liberalisierung der Märkte für Gas und Strom und die Wettbewerbspolitik der Europäischen Kommission; Düsseldorf, 10 2001.

129. **Schiffer, Hans-Wilhelm (Hrsg.):** Energiemarkt Deutschland; 8. Auflage. Köln: Tüv Media, 2002.

130. **Schiffer, Hans-Wilhelm:** Deutscher Energiemarkt 2002: Primärenergie - Mineralöl - Braunkohle - Steinkohle - Erdgas - Elektrizität - Energiepreise - CO2 - Emissionen; in: Energiewirtschaftliche Tagesfragen: Zeitschrift für Energiewirtschaft, Recht, Technik und Umwelt, 2003, Nr. 53, 168–179.

131. **Schiffer, Hans-Wilhelm:** Deutscher Energiemarkt 2005; in: Energiewirtschaftliche Tagesfragen, 2006, Nr. 3, 44–54.

132. **Schiffer, Hans-Willhelm (Hrsg.):** Energiemarkt Deutschland; 9. Auflage. Köln: Tüv Media, 2005.

133. **Schulze, Andreas (Hrsg.):** Alternative Liberalisierungsansätze in Netzindustrien; Diskussionsbeitrag Nr. 64, Beitrag zum Workshop des Instituts für Wirtschaftsforschung 'Deregulierung in Deutschland - Theoretische und empirische Analysen', Veranst. Halle/Saale, 3 2004.

134. **Schumpeter, Joseph Alois:** Theory of Economic Development; Harvard University Press, 1934.

135. **Schumpeter, Joseph Alois:** Capitalism, Socialism, and Democracy; New York: Harper, 1942.

136. **Seeliger, Andreas:** Die europäische Erdgasversorgung im Wandel; 2004, EWI Working Paper Nr. 04-2, Universität zu Köln.

137. **Spohn, Dietmar:** Marketing und Gasbezugsplanung; in: **Cerbe, Günther (Hrsg.):** Grundlagen der Gastechnik; 6. Auflage. München und Wien, 2004, 421–478.

138. **Spreng, Nicole:** Netzzugang im deutschen und britischen Gasmarkt: Rechtsfragen im Vergleich; München: Beck Juristischer Verlag, 2005.

139. **Srivastava, Shirish C.:** Managing Core Competence of the Organization; in: Vikalpa, 30 Dezember 2005, Nr. 4, 49–63.

140. **Stäcker, Daniela:** Der liberalisierte europäische Gasmarkt - Untersuchung der Marktstrukturentwicklung mit einem dynamischen Simulationsmodell; Wiesbaden: Deutscher Universitäts Verlag, 2004, 229, ISBN 3-8244-0788-4.

141. **Tagesschau.de:** Gazprom und BASF rücken noch näher zusammen: Deutschrussisches Energieprojekt perfekt; 2006a ⟨URL: http://www.tagesschau.de/aktuell/meldungen/0,1185,OID5473122,00.html⟩ – Zugriff am 30.04.2007.

142. **Tagesschau.de:** Wettbewerbshüter durchsuchen Gaskonzerne: Auch RWE und E.On Ruhrgas im Visier der EU; 2006b ⟨URL: http://www.tagesschau.de/aktuell/meldungen/0,1185,OID5534856_TYP6_THE_NAV_REF1_BAB,00.html⟩ – Zugriff am 20.04.2007.

143. **Teece, David J./Pisano, Gary/Shuen, Amy:** Dynamic Capabilities and Strategic Management; in: Strategic Management Journal, 18 1997, Nr. 7, 509–533.

144. **Teece, David J./Pisano, Gary/Shuen, Amy:** Dynamic Capabilities and Strategic Management; in: **Teece, David J./Pisano, Gary/Shuen, Amy (Hrsg.):** Nature And Dynamics of Organizational Capabilities; 2000, 334–363.

145. **Thomas, Nadja:** Energiewirtschaft und Bundesnetzagentur lernen die 'hohe Kunst der Regulierung'; in: Energie/Wasser-Praxis, 2005, Nr. 12, 52–57.

146. **Türkucar, Tuncay:** Praktische Umsetzung des Unbundlings und Regulierungsmanagements bei Verteilnetzen; in: Energie/Wasser-Praxis, 2005, Nr. 6, 10–14.

147. **Weinert, Tamara/Fuhr, Thomas:** Kreditrisikomanagement; in: **Zenke, Ines/Schäfer, Ralf (Hrsg.):** Energiehandel in Europa; München: Verlag C.H. Beck, 2005. – Kapitel 4, 277–297.

148. **Wernerfelt, Birger:** A Resource-based View ot the Firm; in: Strategic Management Journal, 5 1984, 171–180.

149. **Williamson, Oliver E.:** The Economic Institutions of Capitalism: Firms, Markets, Relational Contracting; New York: The Free Press, 1985.

150. **Winje, Dietmar/Witt, Dietmar:** Energiewirtschaft; Berlin u.a., 1991.

151. **Winter, Sidney G.:** Understanding Dynamic Capabilities; in: Strategic Management Journal, 2003, Nr. 24, 991–995.

152. **Wirtschaftsverband Erdöl- und Erdgasgewinnung:** Die deutsche E&P-Industrie: Weltweit aktiv; Hannover, 2004.

153. **Wolf, H.G./Porbatzki, Michael/Hiller, Thomas:** Gegenwart und Zukunft des Unbundlings von EVU: Aktuelle Probleme und Lösungsvarianten; in: ew, 2006, Nr. 1-2, 46–48.